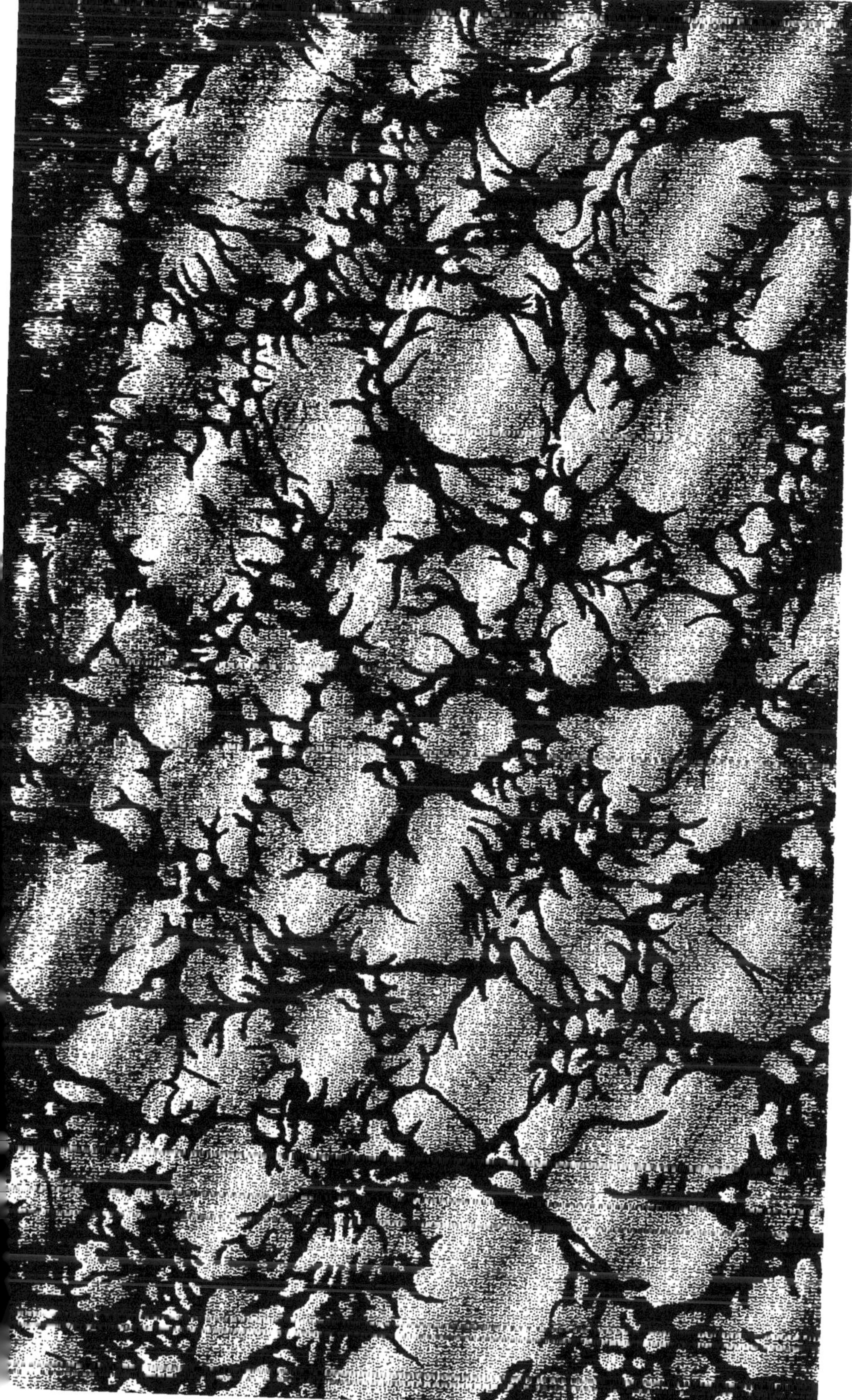

STEMPFER-REL

VIE

DE

M. DE QUÉRIOLET

CONSEILLER AU PARLEMENT DE RENNES ET PUIS PRÊTRE,
APRÈS SA CONVERSION EXTRAORDINAIRE,

ENTIÈREMENT REFONDUE ET AUGMENTÉE

Par un Prêtre du Diocèse de Tournai.

Sicut tenebræ ejus, ita et lumen ejus.
(Ps. 138.)

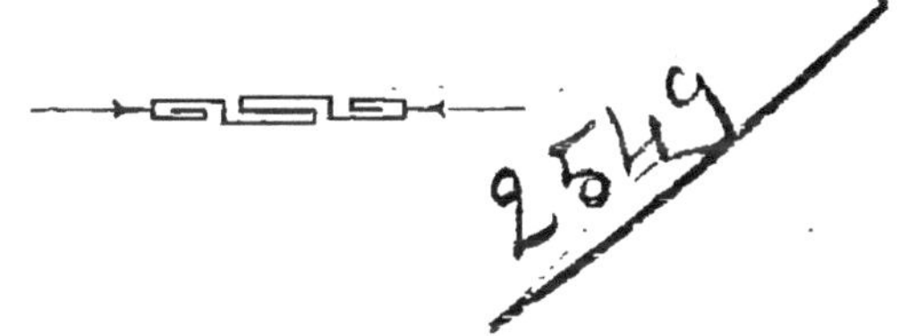

PARIS
P.-M. LAROCHE, LIBRAIRE-GÉRANT,
Rue Bonaparte, 66.

LEIPZIG
L. A. KITTLER, COMMISSIONNAIRE,
Querstrasse, 34.

H. CASTERMAN
TOURNAI.

VIE

DE

M. DE QUÉRIOLET.

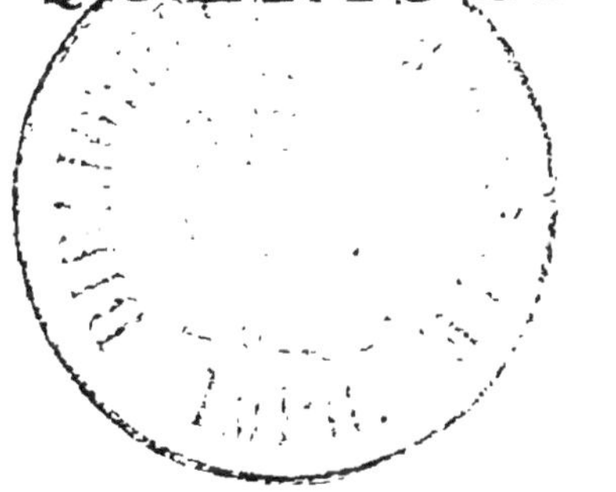

Imprimatur.

Tornaci, die 7ª Novembris 1867.

J.-B. PONCEAU,
Vic.-Gen.

VIE

DE

M. DE QUÉRIOLET

CONSEILLER AU PARLEMENT DE RENNES ET PUIS PRÊTRE,
APRÈS SA CONVERSION EXTRAORDINAIRE,

ENTIÈREMENT REFONDUE ET AUGMENTÉE

Par un Prêtre du Diocèse de Tournai.

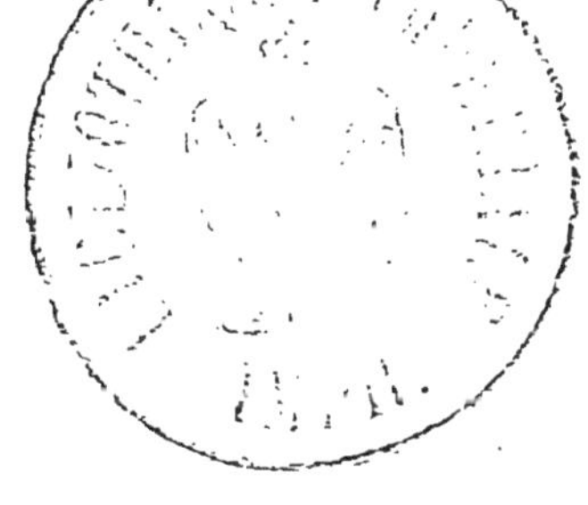

Sicut tenebræ ejus, ita et lumen ejus.
(Ps. 138.)

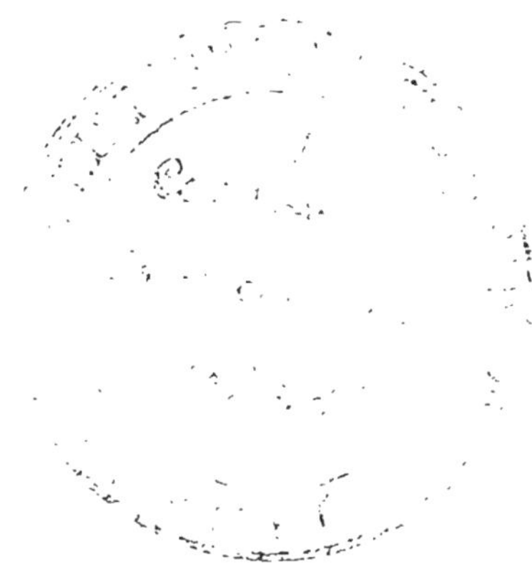

PARIS
P. M. LAROCHE, LIBRAIRE-GÉRANT,
Rue Bonaparte, 66.

LEIPZIG
L. A. KITTLER, COMMISSIONNAIRE,
Querstrasse, 34.

H. CASTERMAN
TOURNAI.
1867

A MARIE,

TOUJOURS VIERGE ET IMMACULÉE

MÈRE DE DIEU.

Prosterné à vos pieds, ô ma bonne et tendre Mère, je vous offre ce petit ouvrage que j'ai entrepris, pour la plus grande gloire de Dieu, et pour le salut des âmes. Quand on saura quel grand pécheur M. de Quériolet fut d'abord, et à quel degré de sainteté il s'éleva après sa conversion, on exaltera la miséricorde infinie de Dieu, on bénira votre bonté et on publiera votre grande puissance sur le Cœur de Jésus ; car c'est à vous après Dieu, qu'appartient toute la gloire de cet admirable changement. Tout pécheur, quel qu'il soit, qui lira cette Vie, sentira renaître en lui la confiance ; il mettra en vous, ô Marie, toute son espérance, et vous suppliera d'intercéder pour lui.

O ma bonne et tendre Mère, vous désirez ardemment l'établissement du règne de Dieu dans tous les cœurs, vous êtes le refuge et l'avocate des pécheurs, « l'espérance des désespérés (S. Ephrem). » Vous accepterez donc, avec votre bonté habituelle, la dédicace de ce livre, qui montre que Dieu ne rejette aucun pécheur ; bénissez-le, je vous en supplie, afin qu'il porte beaucoup de fruits.

Votre très-dévoué, quoique très-indigne, serviteur.

A. J. V.

15 août 1866, fête de l'Assomption.

VIE

DE

M. DE QUÉRIOLET.

LIVRE I.

NAISSANCE DE M. DE QUÉRIOLET. — SA VIE DÉPRAVÉE ET IMPIE. — SA CONVERSION. — SON ÉLÉVATION AU SACERDOCE (1602-1637).

CHAPITRE I.

Naissance de M. de Quériolet. — Son éducation, dont il ne tire aucun profit. — Il va étudier à Rennes. — Sa mauvaise conduite.

M. de Quériolet, cet homme extraordinaire sous bien des rapports, naquit à Auray, petite ville de la Basse-Bretagne, le 14 juillet 1602. Il eut pour père Olivier de Goüello, et pour mère Anne Guido, tous deux recommandables par leur naissance; leurs ancêtres avaient rempli les emplois les plus honorables, soit au Parlement, soit à la cour des rois de France. Son oncle paternel, qui fut son parrain, lui donna le nom de Pierre qu'il portait lui-même. M. de Quériolet, une fois retiré de la voie de l'iniquité, dans laquelle, comme nous le verrons, il s'engagea de bonne heure, eut toujours une grande dévotion envers ce saint Apôtre.

Ses parents, qui avaient de la piété, lui donnèrent de bons maîtres, pour le former à la vertu et à la science, aussitôt qu'il fut en état de profiter de leurs leçons. On eut grand soin de lui faire apprendre et réciter les éléments de la religion, de veiller à ce qu'il ne manquât jamais à prier Dieu le matin et le soir, et à le remercier, avant et après les repas ; on lui disait souvent que c'est de Dieu que l'homme tient tout ce qu'il a, et qu'il faudra un jour lui en rendre un compte rigoureux.

Mais, bien que réitérées, ces sages leçons ne produisirent d'abord aucun fruit. C'était une rosée qui tombait sur une terre maudite, et qui semblait être réprouvée.[1] A peine sorti de l'en-

(1) Terra enim sæpe venientem super se bibens imbrem... proferens spinas ac tribulos, reproba est et maledicto proxima. (Heb. VI, 7 et 8.)

fance, le jeune Goüello laissa percer en lui le germe de tous les vices; et ce germe funeste ne fit que se développer avec les années. Il fit paraître de la propension pour tout le libertinage dont cet âge est capable, quand il lâche la bride à ses passions. Il se lia avec des enfants vicieux, qui augmentèrent ses mauvaises inclinations. Bientôt il surpassa ses maîtres, et il devint le plus dissolu de tous. On ne vit plus en lui ni modestie, ni retenue, ni piété envers Dieu, ni respect pour ses parents. Rebelle à ceux qui étaient chargés de son éducation, dur et fier à l'égard des domestiques, toujours prêt à injurier, à menacer, à battre les jeunes gens de son âge, il devint insupportable à tout le monde.

Ses parents, affligés d'une conduite si déréglée, firent tout ce qu'ils purent, pour lui en faire sentir le malheur. Ils le prirent par la douceur, ils usèrent de sévérité; tout fut inutile. Pour se délivrer de ces importunités, il les pria de trouver bon qu'il allât continuer ses études à Rennes; et il leur promit que ce changement de position le rendrait plus circonspect. Rien n'était plus éloigné de sa pensée; et on ne fut pas longtemps sans reconnaître qu'il n'avait eu d'autre dessein, en quittant la maison paternelle, que d'être plus libre et de pouvoir vivre à sa fantaisie, sans avoir de réprimandes à essuyer. En effet, dès qu'il fut à Rennes, au lieu d'être assidu aux exercices du collége et à ses devoirs de piété, il se mit à fréquenter les cafés et le théâtre ; il s'associa à tout ce qui lui parut le plus déterminé au mal; et de concert avec ses complices, il ne s'étudiait qu'à molester les plus sages d'entre ses compagnons d'étude. Les injures ne lui suffisaient pas. Il en agissait à leur égard avec une bassesse qui ne convient qu'aux âmes les plus viles. Il dérobait leurs manteaux, il forçait leurs coffres et en prenait l'argent, soit pour payer sa dépense au cabaret, soit pour apprendre à manier les armes, exercice qu'il aimait passionnément, et dans lequel il n'eut que trop le malheur de réussir. Malgré toutes ses rapines, il aurait bientôt été réduit au sort de l'Enfant prodigue, si ses parents, pour éviter ce déshonneur, n'avaient rendu, à son insu, l'argent qu'il se faisait donner de gré ou de force, par ceux avec qui il avait à traiter.

Alarmée de tout ce qu'elle apprenait de sa vie licencieuse, sa famille lui écrivit souvent pour le ramener au devoir. Mais ce cœur, plus dur que le diamant, était insensible à tout. Le malheureux jeune homme ne pensait plus ni à son père ni à sa mère, et il ne souhaitait que d'être oublié d'eux. Ce fut pour en être plus longtemps séparé, qu'après avoir pris quelques leçons de philosophie, dont il fut bientôt las, il se mit à étudier le droit. Le fit-il avec quelque succès, c'est ce que nous ignorons et ce qu'il est difficile de supposer, à cause de sa vie si dissipéc.

CHAPITRE II.

M. de Quériolet revient à Auray, vole chez son père, et part pour se faire turc. — Il est obligé de rebrousser chemin. — Sa fureur pour le duel. — Il tue son adversaire et ne peut presque se résoudre à demander sa grâce au roi. — Il apprend à Paris la mort de son père, dont il se réjouit. — Il forme de nouveaux et affreux projets.

M. de Quériolet revint enfin à Auray; mais ce ne fut que pour donner de nouveaux scandales. Ayant trouvé moyen d'ouvrir le cabinet de son père, il y prit deux mille livres, qu'il alla cacher dans le jardin, au pied d'un arbre; il avait l'intention de s'enfuir au plus tôt avec cet argent, et de s'en servir pour de nouvelles débauches, mais il fut aperçu; et comme, malgré la bassesse de ses sentiments, il avait dans le cœur beaucoup d'orgueil, il fut si honteux d'avoir été surpris dans une action aussi déshonorante, qu'il se sauva à grands pas avec une partie de la somme volée, comptant bien qu'il n'aurait jamais de reproche à essuyer, parce qu'on ne le reverrait jamais plus.

Dans cette intention, il forma le dessein, aussi bizarre qu'impie, d'aller à Constantinople, de se faire turc, et de chercher de l'emploi dans les troupes du Grand-Seigneur. Mais un maître plus puissant que ne le sont tous ceux de la terre, fit échouer ce projet insensé. A peine fut-il sorti de la France, que l'argent lui manqua. Il voulut s'en procurer par un de ces artifices, qui lui avaient si bien réussi en Bretagne; mais surpris il fut chargé de coups, et obligé de revenir sur ses pas. Réduit à un état qui différait peu de celui de l'Enfant prodigue, au lieu de l'imiter dans son repentir, il médita de nouveaux forfaits. Il chercha partout des magiciens, et, à leur défaut, il invoqua les démons. Le Père des miséricordes, qu'il outrageait tant, avait sur lui des vues pleines de bonté; et ce malheureux jeune homme, malgré tous ses crimes, était, comme Saul, destiné à devenir un vase d'élection; mais le moment, qui devait dissiper les ténèbres de ses yeux, n'était pas encore arrivé.

Lorsqu'après bien des fatigues, il fut de retour en Bretagne, il s'y livra de nouveau à toutes sortes d'excès. Il ne portait l'épée que pour en faire un criminel usage, et il ne cherchait que l'occasion de la tirer. Dans les rues les plus larges, il se faisait un plaisir de heurter les passants, afin qu'à la première plainte qu'ils oseraient en faire, il pût les provoquer en duel. Il n'y avait presque point de querelle à laquelle il ne se mêlât, afin de se faire valoir. Il allait insulter les gens jusque dans leurs maisons, pour les obliger d'en venir aux mains. Il eut une fois la témérité de poursuivre sept ou huit personnes, sans s'effrayer de leur nombre : en un mot c'était un démon, et il était redouté comme tel.

Le maréchal de Thémines, gouverneur de Bretagne, étant venu à Auray, il crut l'occasion favorable pour faire valoir sa bravoure. Il n'osa pas s'adresser au maréchal même ; mais il fit si bien qu'un des gentilshommes de ce Seigneur, qu'il défia avec hauteur pour une bagatelle, accepta le duel et marqua pour le lieu de la rencontre, un terrain auprès des Chartreux. M. de Quériolet, armé de pistolets et d'une épée, (car c'était avec ces armes qu'on devait se battre) s'y trouva dès le matin ; et quoiqu'il eût la goutte et que ce fût en hiver, pendant un froid très-rigoureux, il attendit jusqu'au soir son adversaire. Heureusement pour l'un et l'autre, la rencontre n'eut pas lieu ; parce que le bruit de ce cartel s'étant répandu, le maréchal y mit empêchement.

Pour contenter son humeur sanguinaire, notre spadassin alla servir quelque temps dans les guerres d'Italie et d'Allemagne, où il combattit sous les drapeaux du fameux Piccolomini. A son retour d'Allemagne, il fut surpris et dépouillé de ses habits et de ses armes, par une troupe d'ennemis : mais il sut bien, quoique seul, avoir sa revanche sur d'autres qu'il rencontra, et à qui il prit plus qu'on ne lui avait enlevé. Ce nouveau butin lui échappa encore, et ce fut par sa témérité qu'il le perdit; en continuant sa route, il rencontra une autre bande ; il eût pu l'éviter, en se détournant un peu du chemin, mais un brave de sa trempe aurait regardé cela comme une lâcheté. « Je me résolus donc, ce sont ses propres termes, de mettre l'épée à la main, et j'attendis mes gens de pied ferme, bien déterminé à me battre, c'est-à-dire, à me faire tuer. Quand ils me virent si résolu, et que je ne branlais pas de mon poste, ils me promirent de ne me rien faire, si je voulais mettre les armes bas. Je le fis, me fiant à leur parole ; maîs s'étant approchés de moi, ils ne laissèrent pas, malgré leurs promesses, de me dépouiller ; et ils me menèrent au gouverneur de la ville ; mais je lui fis si bien connaître qui j'étais, qu'il me laissa aller. »

Chaque jour lui fournissait de nouvelles aventures ; rien de surprenant, il les cherchait avec ardeur. Il avait retenu dans ce même voyage, une chambre dans un hôtel ; mais il y survint un des premiers seigneurs de la province, dont les domestiques s'emparèrent de la chambre de M. de Quériolet, pendant son absence. Lorsqu'il fut de retour, le point d'honneur se présenta à son esprit ; et il crut qu'on avait peut-être voulu le braver. Pour s'en éclaircir, il attendit, l'épée au côté, jusqu'à minuit. Le maître lui demanda poliment pourquoi il ne se couchait pas, puisqu'étant arrivé le premier, c'était à lui, selon l'usage des hôtels, où chacun est pour son compte, que le lit appartenait : ce discours, qui flatta son orgueil, le calma entièrement ; et malgré les instances de ce seigneur, il lui abandonna la chambre. Il eut même depuis pour lui tous les égards qui étaient dus à son mérite et à sa qualité. Ainsi se vérifia cet oracle du Saint-Esprit : « Une parole de douceur nous fait de nombreux amis et adoucit nos ennemis.[1] »

Il eut à Vannes, avec un autre personnage de distinction, un démêlé qui ne se termina pas aussi bien que celui dont je viens de parler. M. de Quériolet le rencontra un jour dans une des rues de la ville ; celui-ci était accompagné de quatre ou cinq domestiques, tous bien armés dans le dessein de lui faire un mauvais parti. M. de Quériolet n'a garde de tourner le dos ; il s'avance au contraire vers le chef de la bande, lui passe son épée au travers du corps, met tous les autres en fuite, et paraît le lendemain en public sans aucune gêne, ne croyant pas que quelqu'un fût assez hardi, pour lui repro-

(1) Verbum dulce multiplicat amicos, et mitigat inimicos. (Eccle. VI, 5.)

cher son crime, et moins encore pour l'arrêter par ordre de la justice. Ce ne fut qu'à force d'instances, que ses parents, qui craignaient le crédit de ceux de la partie adverse, le décidèrent, afin d'obtenir sa grâce, à partir avec M. de Moncan, son beau-frère, pour Grenoble où le roi était alors avec le cardinal de Richelieu. M. de Moncan, pour qui le cardinal avait toujours eu de grands égards, obtint en effet son pardon. Mais comme l'expédition de cette affaire tardait un peu trop, au gré de M. de Quériolet, peu s'en fallut que cet homme fougueux ne laissât là son beau-frère, et qu'il ne partît, comme si cette grâce lui eût été tout à fait indifférente.

Il ne fallait qu'un refus dans une de ses prétentions injustes, qu'une bagatelle pour enflammer sa colère. Aussi dit-on que les personnes qu'il a attaquées, que celles qu'il a provoquées en duel, sont innombrables. « Et sans doute il eût fait couler bien des ruisseaux de sang et laissé bien des veuves et des orphelins, si Dieu ne se fût opposé au torrent de sa rage désespérée.» Ce sont les propres paroles de celui à qui nous devons sa Vie : mais nous n'avons besoin que de son propre témoignage. « Je faisais des querelles, disait-il un jour en gémissant de sa conduite passée ; j'attaquais l'un, j'attaquais l'autre. Je me battis une fois contre quatorze hommes que je fis fuir.... Je m'attaquais toujours aux plus robustes et aux plus vaillants. Une autre fois j'attaquais moi seul trente personnes, sans avoir aucune peur de la mort : au contraire je la cherchais, et je croyais que c'était une mort trop lâche, que de mourir dans un lit. J'avais le cœur bien plus généreux que cela, disait-il en frémissant contre lui-même ; et je cherchais à mourir dans un instant, de peur qu'on ne me vînt crier aux oreilles : confession. C'était l'état du monde que je craignais davantage. » Où serait-il aujourd'hui, Seigneur, si dans votre juste colère, vous aviez exaucé ses vœux impies et insensés ?

Il était à Paris, où il vivait dans la débauche, et où il s'était associé à des gens de rien, lorsqu'il apprit la mort de son père, après laquelle, en fils dénaturé, il soupirait depuis longtemps, afin d'avoir plus abondamment de quoi contenter ses passions. A cette nouvelle, il revint en Bretagne, et après avoir partagé la fortune avec ses cadets, il se trouva en possession de tant d'or, de tant d'argent et de tant de blés, qu'un homme moins avide que lui en eût été plus que satisfait. Mais sa nouvelle fortune ne fit qu'enflammer la passion d'avoir, dont il était tyrannisé. Voyant donc que les grains étaient à bas prix dans sa province, il loua un vaisseau, pour transporter les siens dans un pays étranger. Son dessein était de pirater, et c'est pour cela qu'il voulait être le capitaine du vaisseau. Ce beau projet ne s'exécuta pas, parce que les blés ayant augmenté de prix, il tira un bon parti de ceux qu'il possédait. Mais il fallait de l'aliment au feu qui le dévorait : il ne trouvait plus avec qui se battre, parce que tout le monde le fuyait comme un démon; il forma donc un nouveau dessein : ce fut d'aller avec trente cavaliers, offrir ses services à l'empereur, qui était en guerre avec le Grand Turc ; il avait l'intention perfide et impie, qu'il ne déclara à personne, de se faire renégat pour faire sa fortune, si le parti des Turcs était le plus fort; après tout il lui en aurait peu coûté d'abjurer sa foi; ce qui lui en restait, si toutefois il en avait encore, n'était guères que sur le bout des lèvres.

CHAPITRE III.

M. de Quériolet devient conseiller au parlement de Rennes. — Il se sert de cette nouvelle dignité pour assouvir sa luxure. — Il expose sa vie. — Pendant un orage, il tire des coups de pistolet contre le ciel. — Ce jour même la foudre tombe sur le lit où il est couché. — Il ne s'en émeut pas.

Dieu qui veillait sur M. de Quériolet le retint en France, où il se détermina enfin à prendre une charge de conseiller au parlement de Rennes. C'était plus pour se faire respecter, et surtout pour se faire craindre, que par amour pour la justice, qu'il prit ce parti. On a cependant reconnu que, lorsqu'il fut question de sévir contre les coupables, sa rigidité naturelle ne lui fit point franchir les bornes de l'équité.

Livré à la fougue de ses passions, il avait peu étudié le droit, et il aurait bien voulu être pourvu de sa charge sans passer d'examen. Il usa tantôt d'artifices, tantôt de menaces, plus ou moins directes, pour arriver à ses fins ; il dut cependant suivre la filière ordinaire ; mais comme il ne manquait pas d'esprit, il se tira passablement d'affaire; et il fut agrégé à la magistrature, à ce corps si respecté, et si digne de l'être.

Mais comme on pouvait s'y attendre, il abusa de sa nouvelle dignité; ne voulant pas se marier, malgré tout ce que sa famille put faire pour le déterminer, il faisait servir le crédit que lui donnait sa nouvelle charge, pour assouvir ses passions ; sa charge de conseiller lui donnant entrée dans les meilleures maisons, il tâchait d'entraîner au mal les jeunes personnes, qui étaient assez folles pour l'écouter. Il se vantait même faussement d'avoir réussi dans ses mauvais desseins ; et il ne s'en vantait que pour mettre la dissension dans les familles, et aigrir le cœur du mari contre son épouse ; car jamais l'homme ennemi, dont parle l'Evangile, n'a plus aimé que lui la zizanie, et les suites funestes qu'elle peut occasionner.

C'était dans la même vue que lorsque des personnes de condition avaient un procès, il était charmé d'en être le rapporteur, et de ne les point épargner; afin qu'il y eût des plaintes, et que des plaintes on pût en venir à se battre. Y eut-il jamais de caractère plus odieux!

Il n'y avait point de péril, auquel il ne s'exposât, pour satisfaire sa luxure. Dans l'impuissance d'entrer de jour chez une dame, qu'il voulait entraîner au péché, il apporta de fort loin une échelle sur ses épaules, pour y entrer de nuit par les fenêtres; quoiqu'il sût qu'une pareille tentative avait coûté la vie à d'autres, qui l'avaient faite avant lui. Désespéré de n'avoir pu réussir par cette voie, il aurait eu volontiers recours aux magistrats ses subordonnés, s'il en avait trouvé d'assez oublieux de leurs devoirs, pour l'aider à commettre un si grand crime. C'est ce qu'il avoua après sa conversion, dans le même esprit d'humilité qui faisait dire à saint Paul, qu'il avait été un blasphémateur et un ennemi déclaré de Jésus-Christ et de son Eglise. Vous croyez à peine, lecteur chrétien, que la passion puisse conduire à de tels actes de folie; vous oubliez sans doute que l'impureté est une passion aveugle, qui ne recule jamais et qui se jetterait dans les plus grands malheurs pour se satisfaire. Admirez donc la force de la grâce d'avoir triomphé d'un cœur aussi corrompu, et d'en avoir fait un saint pénitent.

Dieu, qui a des entrailles de miséricorde pour les pécheurs, et qui pour les rappeler à lui, emploie successivement les voies de la douceur et de la sévérité, se servit de ce dernier moyen pour fléchir un cœur qui jusque-là avait résisté à toutes ses invitations. Un jour que M. de Quériolet revenait de Rennes, il s'éleva un orage si violent, qu'il eut toutes les peines du monde à retenir son cheval, tant il était épouvanté. Lorsque M. de Quériolet fut entré de quelques pas dans la cour de la maison, un arbre renversé par la tempête, tomba sur la porte par où il venait de passer. Rien de tout cela ne lui fit peur. Il s'en alla dans une grange, où ses gens travaillaient, pour les rassurer un peu, en leur disant d'un ton moqueur, qu'il croyait que tous les diables étaient déchaînés. « Pour moi, disait-il dans la suite, j'avais horreur d'entendre seulement dire qu'il fallait prier Dieu, je donnais des malédictions au ciel. »

Cependant le tonnerre grondait avec une nouvelle force, lorsqu'il se mit au lit ; il appelle donc un de ses domestiques, et lui donne ordre d'apporter ses pistolets ; puis il se lève, charge ses armes et va les tirer par la fenêtre contre le ciel, comme si, dans sa folie, il eût voulu lui apprendre à respecter son sommeil ; il va ensuite se recoucher et s'endort profondément.

Il fut réveillé, au point du jour, par un événement qui aurait fait réfléchir tout autre que lui. La foudre tomba sur sa maison, perça deux planchers, et glissant le long du mur pénétra dans sa chambre et brûla une des colonnes du lit où il était couché. Ses domestiques éperdus accoururent en s'écriant : « Hé ! Monsieur, voilà le tonnerre qui est tombé sur votre lit. » « Mais, disait-il plus tard en racontant ce fait, je ne m'émus point de tout cela. Au contraire, je ne fis que me tourner d'un côté sur l'autre, en disant à mes gens, qu'ils avaient bien peur de peu de chose. Je m'imaginai que la puanteur que le tonnerre avait laissée dans la chambre, venait de ce que les éclairs avaient pris à l'amorce de mes pistolets que j'avais rechargés après les avoir tirés contre le ciel ; et que c'était pour cela que la chambre sentait si mal. Après quoi je continuai à dormir, sans me mettre plus en peine. » — Je ne fais pas de réflexion sur ce que je viens de raconter; chacun voit par lui-même que l'homme abandonné à ses passions, eût-il d'ailleurs beaucoup d'esprit, se laisse aller à des actes que la raison et la religion condamnent.

CHAPITRE IV.

La foudre abat le cheval monté par M. de Quériolet. — Cet événement ne le ramène pas encore à Dieu. — Son impiété dans les églises. — Il ne peut souffrir qu'on lui demande l'aumône au nom de Dieu. — Il pousse la perversité jusqu'à tenter de corrompre les vierges consacrées à Dieu. — Toujours il échoue dans ses infâmes projets.

Cependant la miséricorde de Dieu ne se lassait pas de travailler à gagner le cœur de M. de Quériolet. Un jour, monté à cheval, il se promenait à la campagne; le ciel était tout en feu, le tonnerre grondait et les éclairs sillonnaient la nue. Tout à coup la foudre abat le cheval de M. de Quériolet; celui-ci tremble, et, pour éviter un second coup, il se cache sous le ventre de sa monture qui s'était relevée. Mais cette frayeur ne produisit aucun mouvement, qui le rappelât à Dieu; aveugle, il ne vit dans cet événement qu'un effet purement naturel, sans remonter jusqu'au Créateur.

M. de Quériolet, nous l'avons déjà dit, bravait souvent la mort : ayant appris qu'un homme l'attendait, pendant une nuit très-obscure, afin de lui enlever la vie, il eut l'imprudence d'aller à sa rencontre, afin de voir ce qu'il en était. Son agresseur lui tira un coup de fusil à bout portant; heureusement, il ne fut pas blessé. « Tout cela, disait-il ensuite, ne servit qu'à m'animer davantage à me battre, voyant que j'échappais toujours, et que je n'étais jamais frappé. »

Au lieu de remercier Dieu d'une protection si visible et si continuelle, cet impie n'allait à l'église que pour l'outrager. Bien loin de trembler dans cet auguste sanctuaire, dont un faible mortel ne doit s'approcher qu'avec une religieuse frayeur,[1] il le profanait par des rires, par des postures, par des actions et par des paroles lascives et scandaleuses. Il tournait en ridicule les cérémonies de l'Eglise, en les imi-

(1) Pavete ad sanctuarium meum. Ego Dominus. (Levit. XXVI, 2.)

tant sacrilégement. Il frémissait de rage, quand il voyait de fervents chrétiens qui, dans une attitude respectueuse, tâchaient de rendre au *Dieu caché* le culte et les adorations qui lui sont dues. Il les aurait volontiers chassés du lieu saint ; il tâchait au moins de les distraire par des manières qu'un impie, moins aveuglé que lui, n'eût pas voulu se permettre. Le son de la harpe de David dissipait les noires vapeurs de Saül ; le chant des cantiques sacrés de l'église redoublait la fureur de Quériolet ; et il m'a avoué, dit celui qui a écrit sa Vie, qu'il ne pouvait les entendre sans grincer les dents, et qu'il eût volontiers donné de l'argent, pour faire taire ceux qui les chantaient. Il se vengeait de l'impuissance où il était de le faire, en les contrefaisant ; et c'est pour cela qu'il passait quelquefois assez de temps à l'église.

Ce n'était pas seulement dans le lieu saint, c'était partout ailleurs que le nom du Seigneur lui était odieux. Il ne pouvait souffrir qu'on lui demandât l'aumône, au nom de Dieu. Il aurait plutôt donné de l'argent pour maudire Dieu que pour le bénir. Voici ce qu'il a lui-même raconté des mauvaises dispositions où il était alors. « Je faisais souvent l'aumône aux pauvres, et j'avais compassion de leurs misères : mais ce n'était pas pour l'amour de Dieu, ni de la sainte Vierge ; car je n'en voulais pas entendre parler. Ces mots me faisaient horreur; et lorsqu'un pauvre me disait : *Je prie Dieu qu'il vous le rende*, ou bien, *je dirai un* Ave Maria *ou mon chapelet pour vous* ; je lui disais qu'il ne me parlât point de cela, et que je n'avais que faire de ses *Ave Maria.* » Je dois observer ici que c'était par bravade et pour faire de l'impie, qu'il parlait de la sorte ; car il est certain, comme nous le verrons dans la suite, qu'il eut toujours, au fond de son cœur, une petite étincelle d'affection pour la très-sainte Vierge ; et nul doute que ce ne fût à cette affection bien légère sans doute envers cette bonne Mère, qu'il dût sa conversion si inattendue. Je voudrais qu'il me fût possible de crier aux quatre coins de l'univers, à tous les pécheurs de la terre : Ah ! de grâces, n'oubliez pas la sainte Vierge, récitez au moins chaque jour un *Ave Maria,* pour obtenir votre conversion. Bien des pécheurs doivent leur salut éternel à cette pratique; M. de Quériolet ne passait aucun jour sans dire au moins un *Ave Maria*.

Il me tarde de jeter un voile sur cette partie de sa vie si abominable devant Dieu, pour montrer au lecteur sa vie si sainte et si admirable, après sa conversion. Cependant, pour mieux faire ressortir quels efforts il dut faire sur lui-même, pour faire mieux apprécier l'efficacité de la grâce de Dieu, et montrer que tout pécheur, quel qu'il soit, peut devenir avec la grâce un saint, s'il le veut, disons un mot encore de sa vie scandaleuse ; bientôt nous aurons à admirer sa conversion. Parlons d'abord, en nous couvrant le front de honte, d'un de ses plus violents désirs ; c'était, le croirait-on? de parvenir à corrompre quelqu'une de ces vierges, qui se sont consacrées au Seigneur dans la vie religieuse. Il se faisait donc annoncer dans les couvents, où il n'était pas connu, comme un riche et puissant conseiller ; il prenait ensuite le ton et l'air d'un homme pénitent et dévot : il disait que cette vie est bien courte, que nous ne savons ni l'heure, ni le moment où il nous faudra en sortir, que le Fils de Dieu nous avertissant d'être toujours sur nos gardes, c'était une grande folie de s'amuser à une foule de vanités, qui se dissipent comme la fumée; qu'il valait bien mieux se disposer au compte qu'il faudra un jour rendre à Dieu, lorsqu'il viendra juger les vivants et les morts, que de penser aux vains plaisirs du temps. Il ajoutait avec un accent douloureux, que puisque le juste même, comme on le chante à l'église,[1] aura bien de la peine à être sauvé, il avait grand sujet de craindre d'être réprouvé; que, pour détourner ce malheur, puisque la miséricorde de Dieu, dont il était fortement touché, le lui permettait encore, il voulait racheter une partie de ses péchés par l'aumône, que ce moyen lui était d'autant plus aisé, qu'il avait de grands biens, et qu'il n'avait ni femme, ni enfants; que son dessein était donc de faire de l'Eglise sa principale héritière, et que, pour commencer, il avait résolu de faire dans leur chapelle une bonne fondation, à cause de la confiance qu'il avait dans les prières de leur sainte com-

(1) Quid sum miser tunc dicturus... cum vix justus sit securus (Messe des morts, prose.)

munauté. Mais, soit que la suite de ses paroles le trahît, soit qu'après quelques informations, on vît à qui on avait affaire, il ne remporta jamais de son projet sacrilége que la honte et le dépit de l'avoir formé. Dieu veillait sur ses épouses ; elles s'aperçurent du piége ; le mépris et la fuite le leur firent éviter.

CHAPITRE V.

M. de Quériolet voit en songe sa place dans l'enfer. — Il se convertit. — Il se fait chartreux. — Il sort du couvent et devient de nouveau un grand pécheur. — Dieu ne l'abandonne pas, probablement à cause qu'il faisait l'aumône et qu'il récitait chaque jour, au milieu de ses égarements, un *Ave, Maria*.

Malgré de si prodigieux écarts, le Père de famille courait encore après cette brebis égarée. Les éclairs et le tonnerre n'avaient point effrayé le fougueux de Quériolet; Dieu voulut l'abattre par un songe plus terrible, que ceux qui furent expliqués par Joseph et par Daniel. Une nuit qu'il dormait bien tranquillement, il vit, beaucoup mieux que des yeux du corps, la place qui lui était préparée au fond de l'abîme, et où il devait être bientôt précipité, parce que la mesure de ses crimes ne tarderait pas à être remplie, s'il ne changeait de conduite. Quelque accoutumé qu'il fût à se raidir contre Dieu et contre les hommes, cette vue fit sur son esprit une impression si forte, qu'il ne put, pendant cinq à six heures de combat, réussir à l'en effacer; et quoique cette impression s'affaiblît beaucoup dans la suite, comme nous le verrons bientôt, il a avoué, à la fin de sa vie, qu'elle lui était toujours restée.

A la suite de ce songe, M. de Quériolet parut rentrer en lui-même, et il fit un long examen de sa conscience; à l'exemple du publicain de l'Evangile, il gémit de ses excès, et il frappa sa poitrine. On ne le vit plus marcher en public que les yeux modestement baissés, et avec des habits plus simples qu'à l'ordinaire. Il fréquenta les églises, se lia avec quelques bons religieux, se purifia par la pénitence, et fut enfin admis à la table du Seigneur.

Il résolut de quitter le monde, et de se retirer dans la solitude. Il jeta les yeux sur le couvent des Chartreux, situé dans le voisinage d'Auray. Il ne pouvait mieux choisir : le monde entier rend hommage à la vie pénitente, que mènent partout les enfants de saint Bruno. On le laissa postuler durant deux mois; après quoi, il fut reçu, non pas à la vêture, mais aux dernières épreuves qui la précèdent. On ne sait pas combien de temps il passa dans cette maison ; mais on sait qu'il rentra dans le monde, avec une nouvelle ardeur pour l'iniquité. Comme le chien, il retourna à son vomissement;[1] il eut honte de sa pénitence, et de peur que ses compagnons de débauches ne la lui reprochassent, il la tournait lui-même en ridicule ; il redevint, en un mot, le grand pécheur d'autrefois. Ecoutons-le : il va lui-même nous faire son portrait. « Depuis ce temps, je fus pire que je n'avais jamais été, et il n'y avait pas de méchanceté que je ne commisse. Cette vision de l'enfer que j'avais eue ne me semblait qu'une imagination, qu'un songe de vieille. J'avais été bien méchant auparavant, mais alors j'étais un athée ; et quand il n'eût été question que de faire un pas pour aller au ciel, je ne l'aurais pas voulu faire : au lieu qu'à présent j'irais aux quatre coins de la terre. Je ne croyais ni paradis, ni enfer et je ne me souciais de quoi que ce fût. J'étais un autre Julien l'Apostat. »

(1) Canis reversus ad suum vomitum. (II Petr. II, 22.)

Cependant Dieu, dont la miséricorde est infinie, n'avait pas abandonné l'infortuné de Quériolet, et bientôt il devait livrer un assaut décisif, pour vaincre ce cœur si rebelle à la grâce. On sera peut-être étonné de la persistance de Dieu, pour sauver un homme qui le méritait si peu; c'est le cas de s'écrier avec saint Paul : « O profondeur de la sagesse et de la science de Dieu! que ses jugements sont incompréhensibles, et ses voies impénétrables![1] »

Deux choses dans la vie de ce grand pécheur ont sans doute fait incliner la balance divine vers la miséricorde. M. de Quériolet était, il est vrai, fort attaché aux biens de ce monde, toujours possédé du désir d'augmenter sa fortune; cependant il ne refusa jamais l'aumône à un pauvre, et quelquefois même il a donné une pistole, plutôt que de refuser l'aumône, quand, faute de monnaie, il ne pouvait donner moins. Remarquons encore, comme nous l'avons

(1) O altitudo divitiarum sapientiæ, et scientiæ Dei : quam incomprehensibilia sunt judicia ejus, et investigabiles viæ ejus! (Rom. XI, 33.)

déjà dit, que cet homme qui ne croyait pas en Dieu, et qui ne pouvait souffrir qu'un mendiant, à qui il faisait du bien, lui promît un *Ave Maria*, par une inconséquence inexplicable, ne passait aucun jour sans en dire au moins un.[1]

(1) On voit par là que l'athéisme de M. de Quériolet était bien moins dans son esprit que dans son cœur, qui était des plus dépravé. Il avait dit dans son cœur, comme l'insensé dont parlent les Psaumes, il n'y a point de Dieu : « Dixit insipiens in corde suo : Non est Deus. » (Ps. XIII.)

CHAPITRE VI.

M. de Quériolet part pour assister aux exorcismes des possédées de Loudun, mais dans de mauvaises intentions. — Dieu se sert du démon pour le convertir; le démon lui parle, lui découvre un de ses crimes. — M. de Quériolet se convertit tout à Dieu. — Menaces du démon.

Il est temps maintenant de raconter la circonstance dont Dieu se servit, pour convertir définitivement ce grand pécheur. On ne parlait en ce temps, dans toute l'Europe, que de la possession des religieuses ursulines de Loudun. Beaucoup de monde arrivait dans cette ville; les uns, pour être spectateurs sérieux de ces faits étonnants; les autres, pour en rire; une belle occasion s'offrait donc à de Quériolet pour satisfaire son impiété; mais une autre raison, non moins digne de lui, devait le déterminer à entreprendre ce voyage : un de ses amis lui avait dit qu'il y avait à Loudun une jeune huguenote d'une rare beauté; il partit donc avec cet ami, bien résolu de tenter tout, pour séduire cette jeune personne, et de lui dire même, si cela était nécessaire, pour obtenir ses bonnes grâces, qu'il était prêt à renoncer à sa religion, et à embrasser la sienne; nous avons déjà vu que cela ne lui coûtait pas beaucoup.

Lorsqu'il fut arrivé à Loudun, il visita cette ville, ne pensant qu'à son infâme projet; étant arrivé près de l'église de Sainte-Croix, il entendit un bruit extraordinaire, dont il demanda la cause; on lui répondit que c'étaient des filles possédées qu'on y exorcisait, qu'un grand nombre de personnes de toutes sortes de conditions, même des seigneurs de la cour et des princes assistaient à ces exorcismes; que le roi, voulant être bien informé touchant cette affaire, y avait envoyé des commissaires pour en faire l'examen; ces paroles déterminèrent M. de Quériolet à entrer dans cette église; son intention était de rencontrer une bonne société, et de rire de la simplicité de ceux qui croyaient au démon et à ses possessions.

Il n'entre pas dans mon sujet de discourir

longuement sur cette célèbre possession, dont on a tant parlé ; d'autant plus qu'un ouvrage,[1] traitant à fond cette question, a vu le jour. Je me contenterai de donner ici, en très-peu de mots, ce qui est le plus important dans le récit que M. de Quériolet en a fait lui-même. Certes, après sa conversion, il n'eût voulu tromper personne, et il nous rapporte les faits tels qu'il les a crus lui-même. Ecoutons-le donc.

« Au bruit que j'entendis dans cette église, je me sentis touché de la curiosité d'y entrer. J'y entrai en effet, et je m'approchai hardiment du lieu où l'on faisait les exorcismes, parce que je ne craignais rien : et après y avoir demeuré quelque temps, je m'en retournai joindre ma compagnie. Mais comme j'avais pris du goût à voir et à entendre parler ces possédées, cela fit que la nuit me sembla longue ; et il me tardait qu'il ne fût jour pour y retourner.

» Le lendemain matin j'y retournai, et étant entré dans l'église, je m'approche de ces possé-

(1) Je ne sais à quel ouvrage l'auteur fait ici allusion ; mais on peut lire sur ce sujet : HISTOIRE DE LA POSSESSION DES URSULINES DE LOUDUN, par le P. Surin. Paris. (*Note du correcteur de la Vie de M. de Quériolet.*)

dées, mais toujours sans aucune appréhension, et sans que mon hôte en sût rien, ni le gentilhomme avec qui j'étais venu.

» J'y retournai encore une fois en la compagnie de ce gentilhomme, qui eut si peur en approchant de ces possédées, qu'il fut contraint de se retirer aussitôt : moi, au contraire, je me moquais toujours de cela. Mais le diable, qui ne m'avait encore rien dit jusqu'alors, commença de me parler ainsi par la bouche d'une de ces possédées : *Monsieur, vous qui êtes un homme de cœur et généreux, que faites-vous ici parmi ces pauvres femmelettes?* Et lui ayant répondu que j'étais homme de justice, et que je ne me mêlais pas des armes : *Oui,* dit-il, *il faut être homme de cœur pour rendre bonne justice; je te connais bien.*

» Ce fut le troisième de janvier de l'année 1636 que cela m'arriva. Et le jour suivant, étant retourné sur la fin de l'exorcisme du soir, comme il était déjà la nuit close, le diable, se tournant vers moi, me dit ces paroles : *Monsieur, il est bien tard, que ne te retires-tu? Ne crains-tu pas tes ennemis?* En effet, j'avais des ennemis de tous côtés. Mais comme je lui repartis que je ne craignais pas en ce lieu-là. *Oui,* reprit le démon, *je suis le tien, et celui de tous que tu crains le moins.*

» J'y retournai encore le jour suivant au matin, et le diable me voyant arriver, commença de crier à haute voix : *Voici mon généreux, voici mon généreux!* Puis, s'approchant de moi, il me dit : *Monsieur, que faites-vous ici? Que ne vous en allez-vous? Tout ce que vous verrez à Loudun, ne vous servira de rien.*

» Le Père exorciste lui ayant dit que Jésus-Christ par ses lumières dissiperait tous ces nuages d'embarras qu'il me voulait former, et qu'ainsi je correspondrais à ses grâces : *Nous l'en empêcherons bien,* reprit encore le démon. Et à l'instant il vint faire une grande huée de rage, me passant, cinq à six fois, les mains devant le visage, comme s'il eût voulu me déchirer. Quelques moments après, le Père exorciste parlant du Saint-Sacrement en ces termes : *Ecce turris David, ex qua clypei pendent,* en le penchant vers moi, le démon dit, en le montrant du doigt : *Il ne te faut point d'autres armes; prends celles-là, et quitte les tiennes.*

» Ce fut alors que je commençai à rentrer un peu en moi-même, et à avoir quelque sorte d'appréhension : et quand je fus arrivé au logis, mon hôte s'aperçut de quelque changement en moi, parce que j'étais un peu plus retenu et plus sérieux. Il ne savait cependant pas encore que j'allasse voir les possédées ; mais il croyait que j'attendais un habit que je faisais faire pour m'en retourner. Je continuai donc à aller à Sainte-Croix, et le lendemain il arriva que le Père, qui exorcisait les possédées dans un lieu fort écarté, conjurant le démon de sortir, il répondit qu'il n'en ferait rien, et que ce n'étaient ni les sorciers, ni les magiciens qui le retenaient là. Sur quoi, le Père continuant à le presser, et à lui demander ce qu'il y faisait donc : *Que sais-tu,* reprit le diable en se tournant vers moi, et me montrant de la main, *si ce n'est pas pour la conversion de cet homme-là.*

» Alors le Père, et tous ceux qui étaient là présents, se mirent à me regarder, et le Père me fit approcher plus près. Mais, quoique je visse d'étranges changements dans le visage de ces possédées, qui me paraissaient tantôt belles, et un moment après si difformes qu'elles faisaient horreur à voir, et que tout cela me donnât quelques pensées qu'il y avait là quelque chose d'extraordinaire, vu même qu'elles m'avaient déjà dit plusieurs choses fort secrètes, et dont aucun homme ne pouvait avoir connaissance; néanmoins, je ne pouvais encore me rendre, jusqu'à ce que, parlant à une de ces possédées, je lui dis que j'avais trois choses que j'eusse bien voulu savoir. La première, qui est-ce qui m'avait garanti du coup de tonnerre qui était tombé, il y avait quinze mois, au pied de mon lit.... La seconde, qui m'avait sauvé d'une arquebusade qui avait été tirée sur moi à brûle-pourpoint. Et la troisième, quelle était la cause qui m'avait fait sortir des Chartreux.

» A la première demande, le diable répondit par la bouche de la possédée : *Sans la Vierge Marie, et le chérubin ton ange gardien, je t'aurais emporté.* A la seconde, touchant le coup d'arquebusade : *Ils n'avaient garde de te blesser*, dit le démon, *ton chérubin te gardait.* A la troisième, il fit difficulté de répondre. Mais comme le Père continua de l'exorciser, et lui commanda de dire cette troisième chose, enfin, après qu'il l'eut fort pressé, il dit que c'était pour *telle et telle impudicité, et que Dieu n'avait pas voulu souffrir un homme si impur dans une si sainte maison.* Oh! ce fut alors, continue M. de Quériolet, que je commençai d'avoir peur : je me sentis tout transi, et comme le Père me regardait, je lui dis : mon Père, il a touché au but, j'ai fait ce qu'il vient de dire ; il est désormais temps de pleurer mes péchés, et de me convertir à Dieu, après que par sa miséricorde il m'a attendu tant d'années à pénitence. Mais, hélas! que j'ai grand sujet de craindre que je ne puisse jamais me défaire de mes habitudes abominables et invétérées, et surtout de l'affreux penchant que j'ai pour les femmes, et de la fureur que j'ai de me battre, plutôt que de céder à personne. »

Cette confession publique de ses plus grands péchés, fut entrecoupée par des larmes qui commencèrent à couler à Loudun, et qui ne tarirent qu'avec sa vie. La grâce avait triomphé de ce cœur rebelle, et elle en avait triomphé si parfaitement, que, depuis cet heureux jour, on n'a jamais vu en lui d'autres fautes, que celles qui sont inséparables de la fragilité humaine.

Il assista encore aux exorcismes le 7 janvier et les jours suivants, et l'enfer témoigna sa rage d'avoir perdu une victime dont il se croyait assuré. « Ah ! disait le démon, s'il continue, il sera aussi haut dans le ciel, qu'il eût été bas avec nous dans l'abîme. »

Le Père exorciste demanda au démon : « Qui, après Dieu, avait travaillé le plus efficacement à la conversion de M. de Quériolet. » Il répondit : « La Vierge a fait tout ce qu'elle a pu pour le retirer de ses ordures. Lucifer lui a envoyé un démon de surcroît pour l'entretenir dans son libertinage et ses voluptés. » Et puis poussant un grand cri : « N'est-ce pas une chose étrange, dit-il, que je travaille à le sauver, pendant qu'un autre démon travaille à le perdre ! C'est peut-être le dernier moment que Dieu lui accordera. » Le Père lui demanda qui avait excité ce conseiller à venir à Loudun. « C'est Marie, répondit-il. » Et puis, regardant M. de Quériolet, il dit : « Voilà un pigeon sorti de notre volière. Que je suis malheureux ! Si jamais changement m'a désespéré, c'est celui-là. Faut-il qu'au lieu de pervertir un homme, j'aie été l'instrument de sa conversion? Ah! que ce coup est terrible pour un diable. Il était autrefois sous mes pieds, il me met présentement sous les siens. O changement étrange, que tu es cruel, que tu es cruel pour moi! » Une autre fois, le démon ajouta en l'apostrophant : « Je me vengerai bien de toi. Quand tu t'en iras, je t'accompagnerai, et je te ferai battre à outrance; je te ferai prendre pour un espion; je te ferai mourir de faim, en empêchant qu'on ne te loge et qu'on ne te fasse l'aumône. Quand tu iras à l'hôpital, tous les gueux te maltraiteront, et j'y en ferai aller d'autres qui te mettront tout nu. » Le démon lui tint parole, comme nous le verrons dans la suite.

Tel est le maître que tant de chrétiens, qui ne le sont plus que de nom, servent si fidèlement. Que ne le connaissent-ils? ils auraient bientôt abandonné ce tyran! Ayant imité M. de Quériolet dans ses désordres, que ne l'imitent-ils dans une partie de sa pénitence! « Qui secutus es errantem, disait saint Ambroise à Théodose, sequere pœnitentem. Si vous l'avez suivi dans ses erreurs, imitez-le dans sa pénitence. »

M. de Quériolet, après sa conversion, n'ayant pas eu l'occasion de vendre à Loudun ses beaux habits, dont il ne voulait plus user désormais, les mit dans sa valise, afin d'en porter de plus simples, et de pratiquer ainsi l'abnégation et la modestie chrétiennes. Comme il se défiait toujours de cette grande vivacité, qui ne pouvait souffrir l'ombre d'une injure, il attacha avec des cordes son épée et ses pistolets à la selle de son cheval, pour se mettre par là hors d'état de suivre dans l'occasion les premières saillies de son naturel impétueux. Le démon ne tarda pas à tenir la parole qu'il lui avait donnée de le tracasser; pendant son voyage, il fut assailli d'une foule de pensées, qui ne tendaient, comme il arrive presque toujours au commencement d'une nouvelle conversion, qu'à ralentir sa première ferveur, pour l'anéantir ensuite peu à peu. « Et que penseront, se disait-il à lui-même, que diront tel et tel de mes parents, quand ils me verront dans cet état? Sans doute qu'ils m'accuseront de légèreté et de bigoterie. Ne peut-on pas se sauver en toutes sortes de conditions, pourvu qu'on vive selon les lois que Dieu a prescrites à chacun selon son état? »

Telles étaient les pensées que l'ennemi du salut lui suggérait sans cesse. Mais heureusement elles ne le firent pas regarder en arrière, comme le démon l'avoua lui-même dans un second voyage, que M. de Quériolet fit à Loudun.

CHAPITRE VII.

Retour de M. de Quériolet à Rennes. — Etonnement de toute la ville de son changement. — Belle réponse à une dame qui lui propose un mariage. — Il fait de sa maison un hôpital, et n'y admet plus que les pauvres. — Il s'instruit des vérités de la foi. — Il consulte Dieu sur sa vocation. — Il vend sa charge de conseiller, se revêt d'habits grossiers, et va réparer, par sa modestie, le scandale qu'il avait donné dans les églises. — Dieu le soumet à diverses épreuves. — M. de Quériolet veut purger un canton des voleurs qui l'infestaient, et est sur le point de perdre la vie.

Cependant M. de Quériolet revint à Rennes, et tout le monde fut étrangement surpris de le voir si changé. Chacun en parlait selon sa manière de voir ; selon les uns, c'était un homme qui avait perdu la tête ; selon les autres, ce n'était qu'un accès de dévotion qui ne durerait pas. Il y eut des courtisanes qui allèrent jusque dans sa maison, pour le solliciter au mal ; la façon dont il reçut les premières, dispensa les autres de se présenter. Une dame qui n'avait que des vues légitimes, épia, lorsqu'il fut arrivé de Loudun, toutes les occasions de lui parler. M. de Quériolet lui avait promis autrefois que, si un jour il se mariait, ce ne serait qu'avec elle. Elle le suivit donc d'église en église; mais n'osant lui parler dans le lieu saint, tant elle le voyait recueilli, les yeux baissés, elle l'attendait souvent pendant trois à quatre heures. Enfin, fatiguée de tant de démarches, elle voulut, à quelque prix que ce fût, s'expliquer avec lui, et comme il ne jetait plus les yeux sur personne, il fallut qu'elle lui fît entendre sa voix. Il s'arrêta, et lorsqu'elle lui eut rappelé sa promesse, qui, comme nous l'avons dit, n'était que conditionnelle, M. de Quériolet lui déclara en peu de mots les motifs de sa conversion, les obligations qu'il avait à Dieu de l'avoir si longtemps attendu à la pénitence, et le vœu qu'il avait fait de renoncer au monde, à la chair, à toutes les vanités et à tous les plaisirs. Il l'exhorta ensuite à faire de même, ou du moins à chercher un parti ailleurs, si elle ne voulait pas choisir la meilleure part, en se consacrant tout entière au service de Dieu. Il lui dit ce peu de mots d'un ton de voix si vif, si touchant, qu'ils ne s'effacèrent jamais de sa mémoire, et elle eut toujours tant qu'il vécut, et plus encore après sa mort, le plus profond respect pour sa vertu.

Un pénitent comme M. de Quériolet, bien loin d'être homme à s'arrêter en chemin, était fait pour courir à pas de géant. Après avoir réformé sa personne, il se mit à réformer sa maison; il avait un assez grand nombre de domestiques; il congédia, en les payant bien, tous ceux qui lui étaient désormais inutiles; et il ne retint que ceux dont il ne pouvait se passer, moins pour son service, que pour celui de la veuve et de l'orphelin, à qui il avait résolu de consacrer tout son bien.

Il fit d'abord de sa maison un hôpital, accessible à tous ceux qui étaient dans le besoin; c'est pourquoi, il ne voulut plus qu'elle fût ouverte aux grands du monde; avant qu'on sût bien à quoi s'en tenir sur sa conversion, plusieurs se présentèrent; mais il les congédia, en leur faisant entendre qu'il ne goûtait plus les entretiens du monde.

Un des principaux motifs qui l'engagea à une retraite si absolue, fut le besoin qu'il avait de s'instruire à fond, soit par des lectures, soit par des entretiens avec des personnes pieuses et éclairées, des mystères de notre sainte religion, qu'il ne possédait que très-imparfaitement ; il voulait aussi se bien pénétrer des grands moyens à employer pour opérer son salut. Tous les entretiens qu'il avait avec les religieux, et principalement avec les Pères Carmes d'Auray, qui étaient ses plus proches voisins, ne roulaient que sur ces sortes de matières. De même qu'il se regardait comme un nouveau Saul, de même il regardait comme un nouvel Ananie quiconque avait la charité de l'instruire.

Un esprit aussi pénétrant que le sien, eut bientôt saisi tout ce que l'étude de la religion présente de plus difficile. Une seule chose l'embarrassait, c'est qu'il ne voyait pas encore bien clairement ce que Dieu voulait de lui. Quelquefois il lui venait en pensée de se retirer dans un ermitage, à l'exemple de ces anciens Pères du désert, dont l'austère pénitence fait l'admiration de l'Eglise ; d'autres fois, il sentait renaître son goût pour la vie des Chartreux, justement persuadé qu'il y trouverait les moyens nécessaires pour se soutenir dans la voie des plus sévères vertus. Dans cette incertitude, il fit ce qu'on doit faire en pareil cas ; il consulta son directeur, et celui-ci l'engagea à prier, pour que Dieu l'éclairât sur ce qu'il avait à faire. M. de Quériolet suivit ce conseil si sage ; il fit à cet effet plusieurs neuvaines, et il entreprit plusieurs pèlerinages. Il apprit d'abord que la carrière qu'il devait fournir, serait semée d'épines et remplie de tentations ; que la plus forte guerre qu'il aurait à soutenir, lui viendrait du prince des ténèbres, mais qu'on ne le combat jamais mieux qu'en embrassant, dépouillé de tout, la croix de Jésus-Christ.

Il partit de ce principe, et pour se débarrasser de tout ce qui pouvait lui donner quelque considération dans le monde, il vendit sa charge de conseiller. Il l'aurait volontiers donnée gratuitement, mais afin de pouvoir faire plus d'aumônes aux pauvres, il en tira un bon prix ; libre alors et n'étant plus soumis au décorum qu'exigeait cette dignité, il résolut de faire une pénitence exemplaire, et de réparer les scandales qu'il avait donnés, dans les lieux mêmes où il les avait donnés. Voici, dans son naïf langage, le tableau qu'en fait un de ses anciens historiens : « M. de Quériolet prit d'abord sur la chair une chemise de la plus grosse et de la plus rude toile. Il se revêtit d'un vieux pourpoint noir, sans manches et tourné à l'envers, d'un méchant haut-de-chausse de même parure, et d'un chapeau crasseux sur la tête. »

Ce fut donc dans cet état qu'il résolut de visiter les lieux de dévotion les plus célèbres et qui avaient le plus souvent servi de théâtre à ses impiétés. Mais comme l'église de Notre-Dame de Bonne-Nouvelle, à Rennes, était une de celles où il avait le plus donné de scandales, par ses entretiens indécents avec des femmes, ce fut la première qu'il visita, pour y faire uue amende honorable. Il y passa neuf jours presque entiers dans un coin et au bas du temple, sans oser, comme le publicain de l'Evangile, lever les yeux vers le ciel. Il ne sortait que deux fois par jour de cet asile sacré : à midi, pour mendier quelques morceaux de pain, aux maisons les plus voisines;

et à l'entrée de la nuit, pour aller se coucher sous quelque abri qu'il rencontrait, et même dans la première écurie ou étable qu'il voyait. Son amour-propre eut sans doute beaucoup à souffrir dans de semblables circonstances, surtout qu'il avait naturellement un cœur si fier et si hautain; mais il se soutint par la considération des humiliations dont le Sauveur fut abreuvé durant sa Passion; pour mieux s'en pénétrer, il avait choisi la fin du carême de l'année 1636, pour commencer ce nouveau genre de pénitence.

A ces peines volontaires, Dieu en joignit d'autres, qui ne furent méritoires que par l'acceptation, vraiment chrétienne, qu'en fit son fidèle serviteur. Dès le commencement de ses pèlerinages d'expiation, il connut que le Père éternel voulait le faire participer au calice de son divin Fils. Un jour que pour s'en retourner chez lui, il devait passer par la petite ville de Ploërmel, deux misérables, à qui il avait demandé le chemin, fondirent sur lui, et le chargèrent de coups. M. de Quériolet n'avait pour toute arme qu'un bâton, et il ne le portait que pour se défendre des chiens. A cette grêle de coups, dont la plus légère menace eût suffi autrefois pour lui faire tirer l'épée, il sentit un premier mouvement qui le poussait à se défendre ; mais il s'en rendit maître sur-le-champ ; et non-seulement il jeta par terre son bâton, mais il prit une ferme résolution de n'en plus porter, ni quoi que ce soit, dont il pût se servir pour repousser la force par la force. Il laissa donc ces scélérats assouvir leur fureur, heureux de pouvoir imiter ainsi son divin Maître.

Mais ce ne fut pas la seule épreuve à laquelle il fut soumis ce jour-là : n'étant arrivé à Ploërmel que fort tard, parce qu'il avait le corps tout brisé, il ne put y trouver de logement, et il fut réduit à en chercher un à l'hôpital ; mais il y passa la nuit dans l'amertume, à cause de la mauvaise compagnie au milieu de laquelle il se trouvait : c'était une troupe de vagabonds qui, le voyant presque toujours à genoux pour prier Dieu, lui firent subir mille insultes, pendant une partie de la nuit, qu'ils passèrent en orgies. Cette conduite le pénétra de douleur, tant parce qu'il voyait Dieu offensé, que parce que ne voulant plus désormais regarder les pauvres que comme les membres de

Jésus-Christ, il ne trouvait en ceux-ci que des esclaves du démon.

Cependant M. de Quériolet pensait toujours à ce que Dieu demandait de lui et dans quel état il devait le servir. Après avoir longtemps consulté Dieu par la prière, il crut apercevoir qu'il était principalement destiné à procurer le bien du prochain ; mais il se trompa sur la manière dont il devait exercer son apostolat, et sa première tentative lui réussit fort mal. Le canton, où il faisait sa résidence, était alors infesté par une troupe de voleurs, qui ravageaient impunément les villes d'alentour, et qui, retranchés dans les bois de l'abbaye de Lanveaux, s'y maintenaient nuit et jour pour piller et les marchands et les voyageurs qui passaient. Ce brigandage lui fit horreur, et peu s'en fallut qu'il n'achetât une charge de grand prévôt, ou quelque office semblable, pour mettre en sûreté les biens et la vie de ses concitoyens. Mais Dieu le destinait à autre chose qu'à exercer l'empire de la force.

Son zèle contre ces brigands faillit un soir lui être funeste ; ils étaient en embuscade au clair de la lune ; il y alla avec un de ses domestiques, qui portait un de ses pistolets ; il se coucha par terre le long d'un ruisseau, en attendant qu'il pût trouver l'occasion de parler à quelqu'un d'entre eux, et de lui faire entendre raison. Mais les espions, qu'ils envoyaient à la découverte, l'ayant aperçu, en avertirent les chefs de la bande qui, jugeant de ce qu'il pouvait faire par ce qu'il avait fait tant de fois, se mirent en devoir de le prévenir. M. de Quériolet s'était mis à genoux pour dire l'*Angelus,* qu'il entendait sonner à l'abbaye, ces malfaiteurs en profitèrent pour tirer sur lui, et percèrent le collet de son pourpoint de plusieurs dragées, qui pénétrèrent jusqu'à sa chair. M. de Quériolet continua sa prière fort tranquillement ; après quoi, ne pouvant les poursuivre dans le bois, il eut le courage d'aller les attendre à un quart de lieue, auprès d'un cabaret qui leur servait quelquefois de retraite. Son dessein était de leur faire sentir l'infamie de leur brigandage, et les dangers auxquels ils exposaient leurs corps et leurs âmes ; mais il ne put en reconnaître aucun ; quant à eux, ils n'osèrent plus l'attaquer.

CHAPITRE VIII.

M. de Quériolet embrasse l'état ecclésiastique, d'après le conseil et l'ordre de son directeur. — Il retourne à Loudun, espérant connaître ce que Dieu attend de lui, dans le saint ministère. — Le démon le menace de le molester ; ce qu'il fait en effet.

M. de Quériolet plus éclairé avait depuis reconnu que ce n'était pas en repoussant la force par la force qu'on gagnait les ennemis de Dieu et ses propres adversaires ; il avait donc renoncé à son premier projet ; mais il restait toujours dans l'indécision sur sa vocation, lorsque de vertueux amis lui proposèrent d'entrer dans l'état ecclésiastique. M. de Quériolet n'osait porter ses vues si haut : la basse opinion qu'il avait de lui-même, la sainteté que demande le ministère des autels, lui faisaient croire qu'un pécheur, comme lui, ne devait pas aspirer à une dignité si élevée que les anges mêmes en seraient effrayés, s'ils pouvaient en être revêtus. Le directeur de sa conscience, voyant sa ferveur et la pénitence qu'il faisait de ses anciens péchés, le rassura et lui ordonna de se disposer à recevoir les ordres sacrés. Qui pourrait dire avec quelle ferveur il se disposa à recevoir l'onction sacerdotale! Que de jours et de nuits passés en oraison! Que de larmes répandues! Quelle ferme résolution d'annoncer la miséricorde infinie de Dieu, qui voulait élever au ministère des autels un grand pécheur! Ce fut dans ces saintes dispositions qu'il reçut la prêtrise, le 17 mars 1637, des mains de monseigneur Sébastien de Rosmadec, évêque de Vannes. La suite de sa vie fit bien voir qu'il avait reçu dans un haut degré, la grâce attachée au Sacrement de l'Ordre. Depuis ce moment fortuné, il fut plus que jamais le père temporel et spirituel du pauvre; il prit la résolution de vivifier son esprit, et d'accabler son corps, par les plus fatigants pèlerinages; et de peur d'être privé du bonheur de célébrer les saints mystères dans ses voyages, il portait ordinairement avec lui le pain et le vin nécessaires au sacrifice.

Devenu prêtre, M. de Quériolet ne voulut pas se contenter de se rendre seulement utile à l'Eglise *par ses gémissements et par ses prières,* il savait qu'ordinairement Dieu exige quelque chose de plus de ses ministres ; notre saint prêtre désirait donc savoir ce que la volonté divine demandait de lui, afin de vérifier à la lettre, avec le secours de la grâce, ce mot du Saint-Esprit : « Ne vous privez pas de l'avantage qu'il y a à faire le bien, et n'en laissez perdre aucune occasion.[1] »

Il se rappelait Loudun, et il n'avait pas oublié que c'était dans cette ville que Dieu avait triomphé de son cœur, aux exorcismes des possédées. Il espérait donc que Dieu, s'étant servi de ce moyen pour sa conversion, voudrait bien s'en servir encore pour lui tracer la route qu'il voulait qu'il suivît désormais. M. de Quériolet partit donc pour cette ville, mais dans de telles conditions qu'il était impossible de reconnaître en lui ce fastueux conseiller de Bretagne, qui avait fait tant de bruit en 1636.

(1) Non defrauderis a die bono, et particula boni doni non te prætereat. (Eccli XIV, 14.)

Pendant neuf jours, il alla à l'église de Sainte-Croix, pour y faire une neuvaine, sans que personne devinât qui il était. Ce ne fut que le neuvième jour, pendant qu'à son ordinaire il priait dans un coin de l'église, où personne ne l'avait aperçu, que le démon, sollicité de sortir du corps d'une possédée, dit à haute voix qu'il n'en sortirait pas, si auparavant on ne faisait sortir ce *malotru de gueux,* qui était au bas de l'église.

Je pourrais rapporter ici tout ce que le démon dit de notre pénitent dans cet exorcisme, et dans les autres suivants ; mais afin d'abréger, je réduirai le tout à trois points : 1° le démon s'efforça d'abord de rendre M. de Quériolet ridicule, à cause des pauvres habits dont il était revêtu ; 2° il lui dit qu'il n'était pas appelé à passer sa vie dans un cloître, mais à vivre dans le monde en pauvre prêtre, et il ajouta que s'il continuait comme il avait commencé, il serait aussi grand saint dans le ciel, qu'il avait été d'abord grand pécheur ; 3° le démon le menaça de traverser en toutes manières sa vie pieuse. « Tu as fait vœu, lui dit-il, d'aller en pèlerinage à Notre-Dame de

Liesse : mais va, va, auparavant que tu y sois arrivé, nous te dresserons bien des embûches. Tu iras, et tu reviendras, mais ce ne sera pas sans peine; car tu ne trouveras pas où loger, et il te faudra coucher dehors : tu seras pris pour un espion dans une ville, où tu passeras; tu seras battu, et les gueux te maltraiteront. »

« Or, ajoutait notre bon prêtre, quoique les démons ne connaissent pas l'avenir,[1] néanmoins tout ce qu'ils m'avaient prédit dans cette occasion, m'arriva. Car en passant par la ville de Paris, personne ne voulut me loger, et je fus contraint de coucher dans un cimetière; en continuant mon chemin, je fus pris pour un espion, dans une ville de Picardie, et je

(1) Les démons, à cause de leur longue expérience, peuvent prévoir bien des choses auxquelles nous ne pensons même pas; de plus, en agissant sur les causes secondes, ils peuvent préparer et amener certains événements et les prédire; ainsi ils peuvent faire certaines prédictions qui se vérifient ; mais l'avenir, à proprement parler, Dieu *seul* le connaît. Dieu se sert aussi quelquefois d'eux, comme dans les exorcismes, pour faire connaître certaines choses, comme il le fit à l'égard de M. de Quériolet. (*Note du correcteur de cette Vie.*)

fus maltraité par les gueux. Enfin, j'arrivai à Liesse, où je fis ma neuvaine, et m'en revins. »

Ce n'était là qu'un prélude de ce qu'il devait souffrir sur la terre ; nous l'allons voir fournir en ce genre une des plus pénibles et des plus étonnantes carrières qu'on puisse imaginer.

LIVRE DEUXIÈME.

ACTES DE VERTU DE M. DE QUÉRIOLET. — SES LONGS ET PÉNIBLES VOYAGES DE DÉVOTION. — L'HOSPITALITÉ QU'IL EXERCE AVEC TANT DE CHARITÉ.

Nous avons à parler dans ce second livre des actes de vertu que pratiqua M. de Quériolet depuis sa conversion ; nous dirons ses grandes mortifications, ses longs et pénibles voyages de dévotion, l'hospitalité qu'il exerça avec tant de charité et de générosité ; dans les livres suivants nous traiterons surtout des vertus intérieures de cet homme vraiment extraordinaire.

CHAPITRE I.

M. de Quériolet fait deux vœux importants.
Ses mortifications extraordinaires.

Peu s'en faut que je ne dise, en commençant à parler de la pénitence de M. de Quériolet, ce que disait autrefois le pape saint Grégoire, en parlant de celle de Madeleine : qu'il vaut mieux verser des larmes d'attendrissement en y pensant, que d'en tracer le tableau. Cela me serait peut-être plus utile; mais comme décrire cette vie si pénitente est une bonne œuvre, et qu'elle est propre à édifier le lecteur, je vais le faire quoique bien imparfaitement.

Quand M. de Quériolet fut bien assuré de la volonté de Dieu à son égard, soit par la voix intérieure de sa conscience, soit par le ministère du démon, que Dieu forçait à révéler sa volonté, soit par-dessus tout, par le moyen du directeur de sa conscience, qui doit toujours être le juge de ce qui se passe en nous et auquel on doit obéir, si l'on ne veut pas tomber dans l'illusion, M. de Quériolet alors marcha à pas de géant dans la carrière de la sainteté ; il s'engagea par vœu, à faire à son corps, pendant toute sa vie, autant de mal, et à son prochain, autant de bien qu'il lui serait possible. Pratiquer la charité aussi parfaitement n'est pas facile, et se livrer à la pénitence dont il avait fait vœu, est aussi bien au-dessus des forces de la nature : aidé de la grâce, il fut fidèle à l'un et à l'autre, durant toute sa vie.

Il regarda d'abord son corps comme une victime, qu'il fallait laisser longtemps sous le glaive, afin de prolonger son supplice. Il est dit dans l'Apocalypse, en parlant d'une ville criminelle, de Babylone : « Multipliez ses tourments et ses douleurs, à proportion de ce qu'elle s'est élevée dans son orgueil, et de ce qu'elle s'est plongée dans les délices.[1] » Il porta cet

(1) Quantum glorificavit se et in deliciis fuit, tantum date illi tormentum et luctum. (Apoc. XVIII, 7.)

arrêt sur tous ses membres en général, et sur chacun d'eux en particulier. Si la délicatesse, si l'imagination ne peuvent en supporter le récit, que n'a pas dû lui en coûter la pratique !

Autrefois, il lui fallait un lit des plus mous, et maintenant il couchait sur la terre, et plus souvent encore, dans ses pèlerinages, sur le pavé. Chez lui, il était rare qu'il se déshabillât pour prendre son repos, et très-souvent il passait la nuit sur une chaise, la tête appuyée sur sa table ou sur un livre.

Nous avons déjà remarqué qu'au lieu des chemises si fines qu'il portait auparavant, il ne se servait plus que de chemises faites avec de la toile très-rude. Une pénitence extraordinaire, dont nous n'avons pas encore parlé, lui était familière, pénitence que nous devons plutôt admirer que suivre : il ne changeait pas de linge, et dans ses voyages de cinq à six mois, il laissait son linge tellement se pourrir de sueur, que ce n'était plus qu'une espèce de cuir, qu'il fallait lui arracher de dessus les épaules, tout écorchées et rongées de vermine. C'est ce que les PP. Carmes, chez qui il se retirait volontiers, ont remarqué dans leurs couvents de Paris et de Rennes, et où, comme nous l'apprend l'un d'eux, on a longtemps conservé ces objets sanctifiés par une pénitence si extraordinaire. Il a lui-même avoué que dans un des voyages qu'il fit en Italie, pendant les plus grandes chaleurs de l'été, il fut tellement rongé de vermine, que, ne pouvant plus supporter ses douleurs, il fut obligé de se laver dans le Tibre, pour s'en débarrasser, et qu'en passant la main sur son corps, pour faire tomber cette vermine, il enleva toute la peau couverte d'ampoules et noircie par la pourriture. Lecteur chrétien, vous sentez votre cœur se révolter à ces détails, et vous demandez sans doute, si tel est l'esprit du christianisme, et si Dieu demande de tels sacrifices de ses serviteurs; comme je vous l'ai dit, je ne propose pas cette pénitence à votre imitation; mais ne la blâmez pas, car quelques saints l'ont pratiquée; respectez l'attrait divin qui a poussé ces pieux pénitents à ces excès; ces pénitences extraordinaires sont propres à nous faire rougir de notre délicatesse, et au jugement dernier, elles serviront à confondre les pécheurs, qui n'ont voulu se gêner en rien, mais suivre en aveugles les convoitises de la chair. Alors l'on verra jusqu'où l'homme peut aller, aidé de la grâce, et Dieu sera ainsi glorifié de ces pénitences extraordinaires.

M. de Quériolet remplaça ses anciens habits de soie et d'écarlate, par des vêtements plus grossiers ; il les portait ordinairement tout déchirés ; et quand il en avait de meilleurs, il les donnait au premier pauvre, qui lui demandait la charité. Les Carmes, ses fidèles amis, ont été souvent obligés de pourvoir à ses besoins.

Ses souliers étaient garnis de petites pointes qui, perçant la semelle de part en part, lui piquaient la plante des pieds, en sorte qu'il ne pouvait faire un pas sans douleur. A cette incommodité se joignait celle de la goutte ; et malgré cela, il faisait tous les jours dix lieues ; s'il ne pouvait les achever pendant le jour, il y employait une partie de la nuit, parce que c'était une règle qu'il s'était prescrite, et il ne s'en dispensait que dans l'extrême nécessité.

Il s'était engagé par vœu à se tenir, tous les jours. sept à huit heures à genoux, pendant sept ans consécutifs. Il fut fidèle à ce vœu, ce qui lui coûta cher ; car il se forma deux calus aux genoux; et l'un d'eux fut atteint d'un autre mal, qui le faisait beaucoup souffrir. Mais il était bien éloigné de se plaindre. Un jour qu'on le saignait au pied, le P. Dominique s'étant aperçu de ce mal, lui demanda comment il pouvait, malgré cela, se tenir si longtemps à genoux; il lui répondit que ce n'était presque rien. C'est que notre saint pénitent regardait, à juste titre, comme un bonheur d'avoir à souffrir pour Jésus-Christ.

Cependant le Ciel n'oubliait pas celui qui pensait si peu à soulager son corps; les longues heures qu'il passait en prières, lui occasionnèrent à un genou une tumeur suivie de suppuration; le chirurgien, qui craignait la gangrène, était sur le point de lui amputer la jambe. M. de Quériolet ayant invoqué avec beaucoup de confiance saint Joseph, ce digne époux de la plus digne des Vierges, lui obtint sa guérison.

Mais reprenons le récit de ses mortifications. Dans le monde, M. de Quériolet avait été idolâtre de sa chevelure qu'il avait soignée avec un grand soin; une fois converti, il la négligea totalement; et si autrefois il avait cherché à plaire, il ne cherchait plus maintenant qu'à se faire mépriser. Il ne se servait jamais de gants, même pendant les plus grands froids de l'hiver; il se vengeait par là de la vanité qu'il avait autrefois d'avoir de belles mains, et il a avoué que cette dernière mortification lui avait beaucoup coûté.

Il avait beaucoup aimé les parfums, et maintenant il ne lui en fallait plus d'autre que l'odeur des malades les plus infects, pour qui il avait fait un hôpital de sa maison. Il pansait avec une grande joie la tête de plusieurs pauvres, qui étaient atteints de la gale et de la teigne. On dit qu'il en a guéri plusieurs en les touchant.

CHAPITRE II.

Guérison miraculeuse d'un pauvre prêtre, à qui il s'associa dans un voyage. — Autre guérison d'un lépreux qu'il fit coucher dans son lit. — Son extrême mortification dans le boire et le manger. — Il n'épargne aucune peine à son corps dans ses voyages. — Il a à combattre les plus vives tentations de la chair ; pour en triompher, il use de la plus grande modestie. — Son grand amour pour la solitude.

En allant à Rome, M. de Quériolet rencontra un pauvre prêtre qui avait les genoux en putréfaction ; tout homme dans un état semblable avait des droits acquis sur son cœur. Il aborda donc avec bonté ce prêtre, et lui donna le bras pour l'aider dans sa marche ; pour vaincre en lui les répugnances de la nature, il voulait manger dans la même assiette et coucher dans le même lit que son compagnon. Cet acte de mortification fut si agréable à Dieu, qu'il rendit sur-le-champ la santé au malade.

Un soir un lépreux vint lui demander l'hospitalité ; sa maison était déjà remplie de malades, et il ne lui restait pas un seul lit vacant. M. de Quériolet lui aurait sans peine cédé le sien ; il l'a fait cent fois. Mais cela n'aurait pas suffi à la soif insatiable qu'il avait des souffrances ; il voulut, par une inspiration divine sans doute, faire quelque chose de plus : il mit ce lépreux dans son lit et se coucha auprès de lui. Ce nouveau genre de mortification, dont on trouve bien peu d'exemples dans la vie des Saints, fut agréable à Dieu, qui le témoigna par un prodige. M. de Quériolet ne contracta pas cette affreuse maladie, et le malade fut si parfaitement guéri, que le lendemain sa peau se trouvait aussi nette que celle de Naaman, au sortir des eaux du Jourdain. Mais continuons le récit des austérités de notre saint pénitent ; s'il a eu le courage de les pratiquer, durant toute sa vie, ayons aussi le courage d'en entendre le récit, pour notre édification.

M. de Quériolet échangea les mets délicats et les vins de prix, qui se trouvaient autrefois à sa table, contre un pain grossier, l'eau pure, et quelques fruits qui constituaient toute sa nourriture. Le plus souvent il ne faisait qu'un seul repas; et dans ses voyages mêmes, il ne mangeait ordinairement qu'à la fin du jour, à moins qu'un épuisement total, et la crainte de ne pouvoir faire ses dix lieues, ne l'obligeassent de prendre quelque nourriture. Lorsqu'il ne pouvait trouver de retraite, selon ses goûts, telle qu'une étable, et qu'il était obligé de loger dans une hôtellerie, il faisait préparer avec soin un souper, comme eût fait un homme sensuel; mais combien, en agissant ainsi, ses intentions étaient pures! Il ne touchait à rien de ce qui était de son goût, il faisait appeler les pauvres du voisinage, et il leur servait de ses propres mains tout ce qu'il y avait de meilleur. Sa mortification était si grande, qu'il a avoué, que lorsqu'il se trouvait dans des repas, où il fallait nécessairement manger des mets délicats, à défaut de plus communs, il en souffrait beaucoup, parce qu'alors il se rappelait ces jours malheureux, où, comme le mauvais riche, il vivait dans la délicatesse, tandis qu'une foule de pauvres étaient réduits, comme Lazare, à désirer les miettes qui tombaient de sa table. Autant il avait été autrefois immortifié, autant il pratiquait maintenant de pénitences. Dans un de ses voyages à Lorette, il se trouva un peu avant midi si pressé par la soif, qu'il fut sur le point de chercher une auberge pour prendre quelques rafraîchissements ; mais comme sa soif la plus ardente était celle de mortifier son corps, il entra en composition avec lui. Il lui dit donc d'abord, comme ce pieux solitaire dont il est parlé dans la vie des Pères du désert, qu'il attendrait bien encore une heure ; quand cette première heure fut passée, il lui proposa de prendre patience pendant une deuxième heure, et ainsi il le fit jeûner jusqu'au soir.

Il ne savait qu'imaginer pour augmenter ses souffrances : rencontrait-il dans ses voyages quelque mauvais chemin, loin de se détourner pour l'éviter, il se déchaussait et passait à travers la boue. « Ah ! se disait-il à lui-même, tu voulais autrefois présenter une belle jambe ; il te fallait des bottines bien tirées. Il faut présentement t'en faire de boue, pour punir ton orgueil passé. » Il continuait sa route dans cet état, jusqu'à l'endroit où il devait loger, et où il n'arrivait souvent qu'à deux heures du matin. Il ne faut pas croire que c'était à l'étranger seulement qu'il en agissait ainsi ; non, et son directeur a dit à plusieurs personnes qu'il était quelquefois venu le trouver dans cet état, aussi humiliant qu'il était incommode, surtout pour un homme autrefois si délicat.

On pourrait peut-être reprocher à M. de Quériolet d'avoir poussé son amour pour la souffrance au-delà des bornes de la prudence ; gardons-nous-en bien, car notre saint pénitent n'agissait ainsi que par une inspiration particulière, et Dieu s'est quelquefois plu à le prouver par des faits vraiment extraordinaires. Citons mot à mot, dans son style un peu suranné, un de ses anciens historiens : « Après avoir passé nuds pieds et nues jambes, au travers des ronces et des épines, qui les lui avaient déchirées et ensanglantées de tous côtés, il n'y avait point mis d'autre appareil, que de les enfoncer jusqu'aux genoux dans la fange d'un étang, ayant fait un emplâtre ou une croûte de cette boue mêlée de son sang. Cela ne lui suffisant pas, il voulut encore voir au soir en quel état étaient ses plaies, et de peur qu'elles ne fussent trop tôt guériēs, il prit un couteau, et comme un autre Job, il racla et abattit avec le tranchant, toutes ces croûtes de sang et de boue mêlés ensemble, afin de renouveler les premières blessures. Après quoi s'étant couché en cet état, il se leva le lendemain matin, sans avoir aucune plaie, ni ressentir aucune douleur. »

Le démon, quoique si souvent vaincu et d'une manière si mortifiante pour son orgueil, continua à lui dresser des embûches. Il le tenta deux fois très-vivement, par l'impression des plus sales voluptés de la chair, avec toute la rage dont il est capable. Dans ce combat si pénible, si crucifiant surtout pour un homme qui veut être tout à Dieu, et n'être qu'à lui seul, M. de Quériolet *leva les yeux vers les saintes montagnes, qui pouvaient seules lui fournir le secours* dont il avait besoin : il invoqua, avec une grande dévotion, les Anges, les Saints, et surtout Marie, la Reine des Saints. Il fut exaucé; l'ennemi du salut fut confondu, et chaque nouvelle tentation fut pour ce pieux pénitent une occasion de remporter une nouvelle victoire et d'acquérir un degré de gloire de plus pour l'éternité ; mais aussi M. de Quériolet n'omit aucun moyen pour s'assurer cette supériorité sur son ennemi. Un jour que celui-ci redoublait ses efforts pour le faire succomber, il se jeta tout habillé dans une fosse pleine d'eau, qui lui venait jusqu'au cou ; il y resta jusqu'à l'extinction de la chaleur naturelle ; et le froid, joint à la faiblesse de son corps, l'anéantit tellement, que si Dieu ne l'avait secouru, il n'aurait pu en sortir. Il fit plusieurs lieues avec ses habits mouillés ; leur superficie s'étant séchée pendant le trajet, on ne remarqua rien dans la maison où il était attendu, et lui, de son côté, se garda bien d'en dire un mot. Il se mit donc à table avec les autres, mais ayant été obligé, à la fin du repas, de s'approcher du feu avec la compagnie, il s'éleva de ses vêtements de la fumée, qui trahit le secret de sa mortification, qui n'étonna probablement personne. Il a dit lui-même que pendant qu'il pratiquait cet acte de pénitence, il n'avait cessé de se reprocher avec des gémissements plus vifs que jamais, ses iniquités passées et tout ce qu'il avait fait pour plaire au monde et pour satisfaire ses passions déréglées; mais il ajoutait que la victoire qu'il avait remportée sur lui-même dans cette conjoncture, avait pénétré son cœur de la plus douce consolation qu'il eût jamais ressentie. C'est ainsi que, comme l'a remarqué saint Augustin, les larmes et l'affliction des pénitents ont plus de douceur pour eux, que les folles joies dont ils se sont autrefois enivrés. Qu'il est consolant de pleurer, ô mon Dieu, quand on ne pleure que le malheur de vous avoir offensé!

Tant de défaites ne ralentirent pas la fureur du démon, de ce *lion rugissant*, comme le dit l'Ecriture, *qui rôde autour de l'homme pour le dévorer;* il revint plusieurs fois à la charge, et comme il sait que les tentations contre la belle vertu sont celles qu'il emploie avec plus de succès, parce que le cœur humain est un ennemi domestique d'intelligence avec lui, il fit tous ses efforts pour prendre à ce piége notre pieux pénitent; il déploya surtout ses ruses dans un pèlerinage que M. de Quériolet fit à la chapelle miraculeuse de Sainte-Anne. Mais ayant appelé à son secours cette grande sainte qui, après la Bienheureuse Vierge Marie, était sa principale protectrice, il sortit du combat plus fort que jamais. A son retour, le démon lui dit, dans un exorcisme, que si sainte Anne ne l'avait secouru, c'en était fait de lui; *car*, ajouta-t-il, *nous sommes autant de diables à tes trousses, qu'il y a de brins d'herbes dans le chemin par où tu as passé.*

Pour échapper à tant de dangers, M. de Quériolet veilla avec un soin extrême sur ses sens, surtout sur ses yeux et ses oreilles, qui avaient été pour lui la cause de beaucoup de péchés; ses oreilles n'étaient plus attentives qu'aux cris de la veuve et de l'orphelin; quant à ses yeux, ils étaient transformés en une source de larmes que lui faisaient verser ses péchés et ceux du monde entier; il les tenait sans cesse fixés sur la terre, et il pénétrait par la pensée jusqu'au fond de l'abîme, où il voyait la place qui lui avait été préparée, s'il ne se convertissait. Jamais il n'arrêta les yeux sur les personnes du sexe, pas même sur ses parentes. Il se retrancha jusqu'à la vue des objets les plus innocents: Rome, cette ville superbe, qui offre à l'admiration du voyageur tant de monuments antiques et modernes, ne fut pas capable d'attirer son attention; il ne connut que les rues qui conduisent aux églises, indiquées pour les stations, pour la visite desquelles on gagne des indulgences; il se refusa même la consolation de voir le Saint-Père, quoiqu'il eût pu facilement obtenir une audience.

M. de Quériolet avait un attrait marqué pour la solitude; rien de plus consolant pour lui, que d'être seul avec Dieu seul. Il passait quelquefois quinze à vingt jours dans les forêts, sans aucun abri, couchant sur la terre, et jeûnant au pain et à l'eau, qu'il mendiait dans le voisinage. Pour empêcher qu'on ne connût ses pénitences, il ne disait jamais à ses domestiques où il allait; mais on sut bientôt tout; il était de la gloire de son divin Maître de vérifier, en faveur de son serviteur, cette parole de l'Evangile : « Il n'est rien de si caché, rien de si secret, qui ne vienne à se découvrir.[1] » M. de Quériolet ne se permettait pas une heure de repos, tant il avait peur de se perdre; sans

(1) Nihil est opertum quod non revelabitur, et occultum quod non scietur. (Matth. X, 26.)

cesse dans sa solitude, comme un autre Moïse, il levait les mains et les yeux vers le ciel, pour apaiser sa colère, et pour attirer ses bénédictions sur lui et sur les pécheurs à qui il pensait continuellement.

CHAPITRE III.

Différents pèlerinages de M. de Quériolet. — Motifs qui l'engagèrent à les faire. — Dangers qu'il y court. — Il est condamné à mort comme espion. — Il passe la nuit au bas du Mont-Adrien, où il reçoit une assistance particulière de Dieu. — Son zèle pour la visite des sanctuaires qu'il rencontre sur sa route.

Une des grandes dévotions de M. de Quériolet fut celle des pèlerinages; jamais la curiosité n'y entra pour rien ; il l'immolait sans cesse ; combien ce sacrifice perpétuel dut coûter à un esprit aussi cultivé que le sien, et combien il dut être agréable à Dieu ! Mais ce n'était là que la moindre de ses mortifications; il pratiquait, durant ses voyages, la pénitence la plus rigoureuse : chaque jour, il parcourait à pied une grande étendue de chemin, il se contentait de la nourriture la plus grossière, il couchait souvent en plein air, parce qu'il ne trouvait personne qui consentît à le recevoir; parfois des voleurs voulurent attenter à sa vie; mais Dieu le protégea toujours et il ne lui arriva jamais aucun mal.

Il fut une fois sur le point d'être mis à mort : vêtu très-pauvrement, comme il l'était toujours, et n'ayant d'autres papiers que ses lettres de prêtrise, il fut pris pour un espion, arrêté et condamné à être pendu. Un tel arrêt qui, dans une ville soumise au régime de la guerre, s'exécute promptement, le remplit de joie, mais il ne fut pas exécuté; le prisonnier fut élargi et put continuer sa route. Ce ne fut que pour mourir d'une mort plus lente; car une vie comme la sienne n'était qu'une mort continuelle : « *Quædam prolixitas mortis,* » selon le mot de saint Grégoire. M. de Quériolet, échappé à ce danger, continua le même genre de vie; il passa une fois la nuit de Noël, sous un buisson, au bas du Mont-Adrien, au milieu des neiges fondues, qui coulaient par torrents autour de lui; et chose extraordinaire et qui marque une protection toute spéciale de Dieu, il ne fut ni mouillé, ni incommodé le lendemain; il ne ressentit pas moins cette protection spéciale de Dieu dans ses pèlerinages en Italie, où il fut si souvent obligé de coucher sur la neige, au milieu des montagnes.

Mais avant d'entrer dans le détail des pieux voyages de notre saint pénitent, le lecteur apprendra avec intérêt quels furent les motifs qui l'engagèrent à les entreprendre. M. de Quériolet voulait d'abord marcher sur les traces de l'Homme-Dieu qui, dans sa vie mortelle, fit plusieurs voyages, et souffrir quelque chose à son exemple; il avait même toujours eu l'intention de vendre ses biens, d'en distribuer le prix aux pauvres, de partir pour la Terre-Sainte, afin de visiter tous les lieux que le Sauveur du monde a sanctifiés par sa présence. Le second motif de ses pèlerinages fut de méditer la vie des Saints, et d'obtenir quelque chose de leurs vertus, en visitant les sanctuaires où reposaient leurs reliques. Il priait surtout le Prince des Apôtres de confirmer sa foi, selon la grâce qu'il avait reçue de son bon Maître la veille de sa passion.[1]

(1) Et tu aliquando conversus confirma fratres tuos. (Luc. XXII, 32.)

Dans un voyage que M. de Quériolet fit de la Bretagne à Rome, il ne se lassait point de dire à Dieu : « *Adauge nobis fidem, Domine :* Seigneur, fortifiez, augmentez ma foi. » C'est, du reste, à la vivacité de sa foi, qu'on doit attribuer la force dont il eut besoin pour mener si longtemps une vie si mortifiée.

Parlons maintenant de ses pieux voyages ; on trouverait difficilement en France un lieu de dévotion célèbre par le concours des peuples, qu'il n'ait visité ; à l'étranger, il a été à Notre-Dame de Mont-Serrat, à Saint-Servais et dans plusieurs autres pèlerinages, dont nous allons parler. Faisons d'abord remarquer au lecteur, qu'il ne passait jamais devant une église ou une chapelle, sans y entrer, pour y adorer d'abord le Maître de la maison, et en vénérer ensuite les saints patrons. Souvent il se détournait du chemin, pour faire ces sortes de stations ; et ni la nuit, ni le mauvais temps, ni la difficulté des chemins ne pouvaient l'en empêcher. « J'avoue, disait un ami, auquel il racontait quelques-unes de ses courses, et qui connaissait les lieux, j'avoue que je ne puis concevoir comment il a pu ainsi braver les glaces de l'hiver, et éviter, pendant les plus épaisses ténèbres, de se précipiter dans des abîmes, ou de se noyer dans les torrents qui bordaient le chemin. »

CHAPITRE IV.

M. de Quériolet va à Liesse. — Il rencontre à Paris le P. Bernard, surnommé le *pauvre prêtre*. — Comment Dieu lui ménage cette entrevue. — Le P. Bernard le présente à saint Vincent de Paul et au R. P. de Condren. — Sa neuvaine à Liesse.

Le premier pèlerinage qu'il fit, après celui de Notre-Dame de Bonne-Nouvelle, dont j'ai parlé ailleurs, fut celui de Liesse, qu'il avait déjà projeté, quand il retourna à Loudun. Le procureur du roi de cette ville, qui le connaissait, lui dit que puisqu'il devait passer par Paris, il ne devait pas manquer de voir le P. Bernard. M. de Quériolet en avait déjà entendu parler, car la réputation de ce saint prêtre était répandue dans toute la France; aussi désirait-il beaucoup le voir; mais comme il s'était fait une règle de ne se détourner jamais d'un pas dans ses voyages, pour faire des visites, il n'aimait pas de se départir de sa manière de faire ; voici comment la divine Providence permit que ces deux hommes vraiment extraordinaires se rencontrassent ; laissons M. de Quériolet parler lui-même ; la simplicité de sa narration vaut mieux que tout ce que nous pourrions dire :

« J'avais, dit-il, bien résolu de ne voir personne à Paris, comme j'avais déjà fait à mon premier passage, quoique j'eusse cependant dans l'esprit quelque chose, sur quoi j'aurais bien voulu être éclairci. Ayant continué mon voyage, je vins d'Orléans à Etampes ; et dans le chemin, qui fut de deux ou trois jours, la pensée du P. Bernard me revenait toujours à l'esprit. Depuis Etampes jusqu'à Paris, où je devais coucher, j'eus l'esprit perpétuellement occupé du P. Bernard ; et plus j'approchais de Paris, plus cette pensée me revenait à l'esprit, quoique je fusse toujours dans la résolution de n'aller pas le chercher ; mais étant seulement bien aise de lui parler, si je le rencontrais, et de lui communiquer la peine que m'avait causée ce que j'avais ouï dire, qu'il avait renoncé à une succession qui lui était venue, au lieu que moi j'étais dans la volonté d'en prendre dix, si elles me fussent échues, pour les donner aux pauvres. Mais, me disais-je à moi-même, qu'est-ce que je pense faire? Il ne me connait pas, et je ne le connais pas non plus, car je ne l'ai jamais vu. Cette pensée du P. Bernard augmenta si fort, lorsque je fus arrivé aux faubourgs de Paris, que je ne rencontrais pas un prêtre, que je ne m'imaginasse que c'était lui, et cependant je ne leur disais mot. »

De son côté, le P. Bernard avait l'esprit tout occupé de M. de Quériolet, comme nous l'apprend M. le Gauffre, le premier historien du P. Bernard et son digne successeur; le P. Bernard, éclairé d'une lumière surnaturelle, savait l'heure et le moment où notre saint pénitent devait arriver. Et ce jour même en prêchant à la Charité, il avait dit ces paroles que personne ne comprit : « Préparez-vous, mes enfants, à voir un grand serviteur de Dieu. C'est l'exemple de ce siècle : après lui vous n'avez plus rien à voir. Il n'est pas loin, il approche, je le sais de bonne part; il fera plus par son exemple que je ne pourrais faire par mes paroles. Sa conversion miraculeuse est capable de convaincre les plus débauchés de ce siècle; voyez-le hardiment, il est près d'ici. »

A la fin de ce discours énigmatique, on vint prier le P. Bernard d'aller voir un malade, qui demeurait près des Chartreux; sur sa route, il rencontra deux ou trois carrosses occupés par des dames, qui l'arrêtèrent et lui demandèrent ce que c'était que cet homme extraordinaire, dont il avait parlé. « C'est un homme, avait répondu le P. Bernard, c'est un homme après lequel il ne faut plus chercher. Il approche, il n'est pas loin, vous le verrez bientôt. » En effet, M. de Quériolet était si près, qu'il entendit ces dernières paroles : « Vous le verrez bientôt. » Mais comme elles ne lui disaient rien de précis, il continua son chemin, et le P. Bernard en faisait autant, lorsqu'une de ces dames s'écria : « Père Bernard, Père Bernard, encore un mot. » A ces paroles, M. de Quériolet s'approcha de lui, et lui demanda s'il était bien le P. Bernard; celui-ci lui ayant répondu qu'il l'était en effet, lui demanda à son tour s'il n'était pas ce conseiller de Bretagne, qui s'était converti à Loudun ; sur la réponse affirmative de M. de Quériolet, ils s'embrassèrent tendrement, se jetèrent aux pieds l'un de l'autre, en tâchant de se les baiser. Alors, continue notre saint pénitent que nous allons citer textuellement, le P. Bernard s'adressant à ces dames, leur dit : « Ah ! voilà celui dont je viens de vous parler : c'est lui qui vous dira ce qu'il faut que vous fassiez pour servir Dieu. Après cela, il m'emmena avec lui, et me fit séjourner quelques jours à Paris. Je lui communiquai donc ma peine, et je lui dis que je me voyais dans une pratique diamétralement opposée à la sienne, parce que j'étais toujours prêt à recevoir des successions, et que j'eusse voulu en recevoir tous les jours, pour les donner ensuite aux pauvres. Je le priai de me donner son avis là-dessus, et de me dire si je faisais mal en cela. Mon ami, me dit-il, pour moi, la lueur de l'or et de l'argent m'éblouit les yeux, et pour cela je ne m'en munis pas ; c'est Frère Jean qui fait ma dépense. Mais pour toi, tu peux continuer dans la pratique que tu as commencée. » Quel bonheur en effet d'être en état de soulager à tout moment la misère du pauvre, et de n'avoir de l'or entre les mains que pour en faire un si saint usage.

Quoique M. de Quériolet, après s'être un peu délassé chez le P. Bernard, allât à son ordinaire loger chez les Carmes réformés, il vit plusieurs fois ce nouvel ami ; et celui-ci, qui était lié avec les personnes les plus vertueuses de Paris, le conduisit chez quelques-unes d'entre elles ; de ce nombre furent le R. P. de Condren, second supérieur-général de l'Oratoire, et Vincent de Paul que l'Eglise a depuis placé sur les autels ; M. de Quériolet eut le bonheur de s'entretenir longuement avec ces saints personnages.

Après avoir satisfait sa piété, il quitta Paris et arriva enfin à Liesse, où il fit sa neuvaine ; voici le plan qu'il suivit.

Depuis le matin jusqu'au soir, pour ainsi dire, il demeurait à genoux sur le pavé de marbre de la chapelle, quoique cela le fît beaucoup souffrir ; mais on le sait, c'est ce qu'il souhaitait. Il aurait bien voulu passer la nuit en oraison dans ce sanctuaire ; il en demanda même la permission au sacristain, qui la lui refusa. M. de Quériolet ne se tint pas vaincu pour cela ; caché dans un coin de la chapelle ou derrière une colonne, il espérait passer inaperçu ; mais toujours il fut découvert et il dut se retirer. Pendant les neuf jours de sa neuvaine, il se fit un devoir d'entendre toutes les messes, qui se célébrèrent à l'autel de la Sainte-Vierge ; durant ce pèlerinage, il fut toujours vêtu comme un pauvre, et il mendia son pain. Ce voyage n'était qu'un essai de ceux qu'il se proposait de faire dans la suite.

CHAPITRE V.

M. de Quériolet va à Rome. — Il revient par Milan, pour y vénérer les reliques de saint Charles Borromée. — Il est mené devant le gouverneur de la ville, qui lui fait délivrer un passe-port. — Il va à Verceil, où il doit paraître devant le gouverneur. — Il se rend enfin à Turin, où personne ne veut le recevoir. — Il est contraint de loger dans une écurie. — Il vénère le Saint-Suaire, et sort de Turin en usant de stratagème:

Au mois de juin 1644, M. de Quériolet partit pour Rome; ses amis le voyant partir à l'époque des plus grandes chaleurs de l'été, si dangereuses en Italie pour les étrangers, lui représentèrent qu'il exposerait sa vie par ce voyage. « Hélas! leur dit-il, que je serais heureux, si je pouvais mourir en servant Dieu. » Le Seigneur bénit ce voyage ; il arriva à Rome en bonne santé, trois jours après l'élection d'Innocent X ; il y fit sa neuvaine et en repartit le 26 septembre;[1] son retour en France fut marqué par quelques traverses.

M. de Quériolet désirait vivement honorer à Milan, les reliques de saint Charles Borromée, et à Turin, le Saint-Suaire; mais dans un temps où une partie de l'Europe était en feu, il y avait tout à craindre pour un étranger de voyager sans passe-port; c'était la position où se trouvait M. de Quériolet; il partit cependant, quoique durant son voyage, la crainte le tourmentât, dans l'espérance qu'il pourrait au moins faire sa prière aux portes de la ville, si on le lui en refusait l'entrée; mais ceux qui étaient préposés à la garde de la porte, ne l'aperçurent pas, et il entra à Milan, sans que personne lui dît le moindre mot. Il se dirigea immédiatement vers la principale église, pour y faire ses prières. Le sacristain lui ayant demandé d'un ton rude, où il allait et comment il était entré dans la ville,

(1) Je suis cette date, parce que M. de Quériolet la marque dans une lettre qu'il écrivit du couvent des Billettes, le 9 novembre 1644, à M. Mignon, chanoine de Loudun, si connu dans l'affaire d'Urbain Grandier.

le pieux voyageur lui répondit avec douceur, qu'il n'était venu que dans le dessein de visiter le tombeau de saint Charles, ce qui apaisa le sacristain, qui le laissa en paix vaquer à ses dévotions.

Cependant on vint à avoir quelque soupçon ; sans doute le mauvais état de ses vêtements le fit passer pour un vagabond ; on le contraignit à paraître devant le gouverneur de la ville ; celui-ci vit bien à qui il avait affaire, il ne lui demanda pas même son passe-port ; il fit plus : il donna ordre qu'on lui en remît un, et il le lui fit porter par son secrétaire, en y joignant une aumône.

De Milan, M. de Quériolet s'en alla droit à Verceil, où il éprouva un nouveau désagrément ; soit qu'il eût perdu son passe-port de Milan, soit qu'on ne s'en contentât pas, il ne put montrer aux gardes de la ville d'autres pièces que son bréviaire et ses lettres de prêtrise ; ceux-ci le menèrent au gouverneur, à qui il dit en latin qu'il était prêtre, qu'il allait à Turin honorer le Saint-Suaire et qu'il ne demandait qu'à passer une seule nuit dans la ville ; le gouverneur l'écouta avec bienveillance, et, loin de le molester, il lui présenta quelque nourriture, que M. de Quériolet accepta avec plaisir, tant il en avait besoin.

De Verceil, il se dirigea enfin vers Turin, où il avait à redouter de nouvelles difficultés ; il mit sa confiance en Dieu, et Dieu ne lui manqua pas. Il n'était pas loin de cette capitale, et il marchait, pendant la nuit, le long d'une rivière, lorsqu'il se trouva tout à coup de l'autre côté, sans savoir comment la chose s'était faite ; mais il avait un second bras de cette rivière à traverser ; il était deux heures du matin, la divine Providence lui envoya des officiers du duc de Savoie, qui revenaient de la chasse ; ils avaient une barque ; ils prirent avec eux notre pieux voyageur. Arrivés aux portes de Turin, ces officiers n'eurent qu'à décliner leur nom, pour qu'on les laissât passer, et M. de Quériolet s'étant glissé parmi eux, passa aussi sans qu'on s'en aperçût. Ils entrèrent dans une auberge, pour y prendre quelque nourriture, mais le maître de la maison ayant bientôt su que M. de Quériolet était français, déclara qu'il lui était défendu de loger aucun étranger, sous peine de cinq cents livres d'amende; il fallut donc sortir de chez lui et aller chercher ailleurs un abri. Les officiers du duc de Savoie, touchés de compassion, le menèrent en plus de quarante hôtelleries; mais personne ne voulut le recevoir à cause de la défense du prince. Un cocher consentit enfin à le recevoir, le logea secrètement dans son écurie, où il lui apporta sa nourriture. Un gîte pareil était fort de son goût, et il fut ravi de l'avoir trouvé.

Le lendemain, il alla vénérer le Saint-Suaire, et vaquer à ses exercices de piété. Sa dévotion satisfaite, il fallait trouver un expédient pour pouvoir sortir de la ville; voici celui qu'il imagina : il acheta un peu de pain et de viande, et s'approchant de la porte de la ville, il se mit à manger avec insouciance, comme aurait pu faire un homme de l'endroit et connu pour tel; cette petite ruse lui réussit, et personne ne lui dit mot lorsqu'il sortit.

CHAPITRE VI.

M. de Quériolet fait le voyage de Saint-Jacques de Compostelle. — Il revient en France et a une entrevue, à Bordeaux, avec le P. Surin. — Il voit aussi le prince de Conti, le duc de la Meilleraye. — Il refuse de rendre visite à la reine Anne d'Autriche.

Malgré les dangers qu'il courait dans ses pieux voyages, M. de Quériolet resta toujours inébranlable; il était peu attaché à la vie, et était même prêt à la sacrifier mille fois, pour expier ses anciens déréglements, et acquérir un nouveau degré de sainteté. Ce fut dans cette vue qu'il recommença, jusqu'à trois fois, le voyage de Saint-Jacques de Compostelle, qu'il eut enfin le bonheur d'achever. Dans ce voyage, contre l'habitude qu'il avait de marcher toujours seul, afin de ne s'occuper que de Dieu, il prit pour compagnon de route un prêtre qu'il guérit du mal de Saint-Méen. Ce prêtre lui fut du reste très-utile dans le voyage, surtout au mont Saint-Adrien, où, sans lui, il courait grand risque de mourir de faim. Ils passèrent d'abord par la ville de Burgos, pour y honorer l'Image miraculeuse du Sauveur, qui s'y conserve; et de là ils se rendirent à Compostelle, où ils payèrent à l'apôtre saint Jacques, le tribut de leurs hommages et de leur vénération.

Que de vertus il pratiqua dans ce pieux voyage! Ecoutons son compagnon de route, digne appréciateur de son mérite. « J'ai remarqué, dit-il, dans ce vertueux pèlerin, une si grande générosité, une douceur si constante, une si parfaite confiance en Dieu, que si je l'eusse vu passer au travers des flammes, ou marcher sur les eaux, je l'aurais suivi sans aucune crainte. Il était si plongé dans la méditation de la loi du Seigneur et de ses grandeurs, que dans la crainte d'en être distrait, il marchait toujours assez éloigné de moi, et ne me parlait que par nécessité. Oui, ajoutait-il, si M. de Quériolet n'est pas saint, je ne sais si l'on pourra trouver de la sainteté sur la terre. »

Nos deux pieux pèlerins reprirent le chemin de la France, et arrivèrent à Bordeaux. M. de Quériolet, ayant vu un vaisseau qui était prêt à faire voile pour la Bretagne, conseilla à son ami de profiter de cette occasion. Pour lui, il resta quelque temps dans cette ville, à la prière du P. Surin, qu'il avait vu à Loudun, comme exorciste, dans la possession si célèbre des religieuses ursulines ; toute la communauté des Pères admira les grandes lumières que Dieu lui communiquait, et chacun se fit un devoir d'en profiter et de le consulter sur différents points.

M. de Quériolet eut l'honneur de voir plusieurs fois le prince de Conti, qui était alors à Bordeaux ; et celui-ci, pour profiter plus longtemps de sa conversation, dont il était enchanté, l'invitait à sa table. Avant de se séparer, le prince offrit à M. de Quériolet un magnifique bréviaire ; et celui-ci lui donna des avis salutaires, qui furent fort bien reçus ; c'est qu'ils avaient été donnés avec une grande charité, et par un homme d'une éminente vertu.

Notre saint pénitent, malgré le désir qu'il avait ordinairement de ne voir personne dans ses voyages, n'a pas laissé d'avoir plusieurs entretiens avec des personnes de condition et de piété; il n'avait d'autre but que de les animer de plus en plus à la vertu, et de s'y animer lui-même par leurs exemples. Un de ceux à qui il fut le plus utile, fut Armand-Charles de la Porte, duc de la Meilleraye, et grand-maître de l'artillerie de France.[1] Pendant sept à huit jours, qu'il passa avec ce seigneur, dans une de ses maisons de campagne, presque tous leurs entretiens roulèrent sur l'importante affaire du salut, et sur les moyens les plus propres pour y réussir. Le duc, homme de grande vertu, lui confia que pour se mettre à l'abri des dangers du monde, il pensait à embrasser la vie religieuse. Quelque grande que fût l'estime de M. de Quériolet pour ce saint état, il ne fut pas de son avis, parce qu'il vit d'un côté, qu'il était d'une vertu solide, capable de résister à la séduction, et de l'autre, qu'en restant dans le monde, il serait d'une

(1) Il prit dans la suite le nom de Mazarin, après avoir épousé, en 1661, Hortense Mancini, nièce du fameux cardinal Mazarin.

très-grande utilité aux pauvres, par ses aumônes, et aux autres, par ses bons exemples. Ses sages avis furent si bien mis en pratique, que les partisans du monde y trouvèrent de l'excès et matière à la plaisanterie. Hélas! ce sont eux qui sont dans un déplorable aveuglement! Que n'ouvrent-ils les yeux à la lumière de la foi! ils verraient que cette vie tout entière ne nous a été donnée que pour faire le bien, pratiquer des bonnes œuvres et amasser le plus de mérites possibles pour le jour de l'éternité.[1] Laissons-les rire, ou plutôt déplorons leur aveuglement, et prions beaucoup pour eux; que leurs sarcasmes ne nous troublent pas, et surtout ne nous arrêtent pas dans la pratique du bien. Dieu, le juste juge, comme l'appelle saint Paul, compte toutes nos larmes et nos soupirs; il inscrit sur le livre de vie nos bonnes actions, et aucune, pas même le verre d'eau froide, donné en son nom, ne restera sans récompense; nous en avons pour garant sa parole.

Mais revenons au duc si pieux dont nous parlions : il fut si content des entretiens qu'il

(1) Negotiamini dum venio. (Luc. XIX, 13.)

eut avec M. de Quériolet, qu'en le quittant, il le pria, et lui fit même promettre de revenir le voir quelques jours après. Il eut aussi toujours, depuis cette première entrevue, beaucoup d'égards pour un de ses pages, qui était le neveu de notre saint prêtre ; ce qu'il avait ignoré jusqu'alors.

M. de Quériolet, loin de rechercher l'occasion de faire des visites, n'en faisait, que lorsqu'il se sentait porté par une certaine inspiration ; loin de chercher à faire de nouvelles connaissances, il souhaitait plutôt d'oublier les anciennes ; il remettait à plus tard, au jour de l'éternité, la jouissance du commerce de l'amitié ; car alors il en jouirait plus purement et sans rencontrer les dangers que l'on y trouve parfois ici-bas.

Il poussa si loin la sévérité en ce point, qu'il refusa de se rendre chez la reine, Anne d'Autriche, qui désirait beaucoup le voir. Saint Vincent de Paul, qui était alors chef du conseil de conscience, le pria instamment de faire cette démarche ; ni les raisons, ni les instances de ce saint et fidèle ami, ne purent l'y déterminer. Ce qui le rendait inflexible dans ces circonstances, c'était et la crainte qu'il avait de sa faiblesse, et les violents combats que l'ange des ténèbres lui livrait sans cesse. Aussi s'écriait-il presque à chaque instant : *Sauvez-moi, Seigneur, car si vous me perdez de vue, je suis sur le point de faire le dernier naufrage*. Lecteur chrétien, vous serez peut-être porté à accuser M. de Quériolet d'une sévérité et d'une réserve outrée. Dieu inspire ses saints d'en agir parfois ainsi, pour notre instruction. Tant d'imprudents se perdent par défaut de réserve ! Combien n'ont pas assez de retenue dans leurs rapports avec les personnes d'un sexe différent ! peu de modestie dans leurs regards, trop de laisser-aller dans leurs manières, tant d'entretiens si peu utiles. Ah ! qu'ils sachent que ces entretiens peu coupables peut-être, dans les commencements, peuvent, s'ils les continuent, les porter à des excès honteux ; car l'ennemi du salut est toujours aux aguets, pour attiser dans le cœur de l'homme le feu de la concupiscence, que tous nous portons en nous ; triste héritage hélas ! que nous ont légué nos premiers parents

CHAPITRE VII.

M. de Quériolet se mortifie, par le soin qu'il prend des pauvres dégoûtants de saleté, et par de longs voyages. — Nombre de personnes qu'il a logées par charité, et combien il a parcouru de chemin dans ses pèlerinages — Il prolonge ses jeûnes pendant deux à trois jours. — Deux fois, faute de vivres, il est sur le point de mourir de faim. — Sa grande mortification à table, et son attention à écouter la lecture qui s'y fait.

Pour opérer son salut, M. de Quériolet ne pensait qu'à mortifier son corps, et nous allons entrer dans de nouveaux détails sur ce point. Il crucifiait la nature, tantôt en donnant ses soins aux pauvres les plus dégoûtants de saleté; tantôt en la lassant par des voyages si pénibles, qu'un forçat même n'eût pu en supporter les fatigues. Un savant et pieux ecclésiastique de ses amis a calculé que, dans les quinze dernières années de sa vie, ce saint pénitent avait donné l'hospitalité à environ trois cent mille pauvres, et fait à pied vingt-cinq mille lieues.

A ces fatigues, ajoutez le jeûne sévère auquel il se condamna, et vous conviendrez que la conservation de sa vie tient du prodige. La sensualité avait été un des plus grands défauts de M. de Quériolet; mais, dès le premier moment de son retour à Dieu, il voulut s'en punir; et il le fit avec une rigueur qui aurait édifié, surpris même Clairvaux, dans ses plus beaux jours.[1] Et d'abord il fit vœu de jeûner au pain et à l'eau, pendant trois ans, à moins que quelque compagnie imprévue ne l'obligeât d'en user autrement, parce qu'il ne voulait pas qu'on connût ses mortifications. Hors de ce cas, qui se présentait rarement, on peut dire que sa vie fut un jeûne continuel. Chose extraordinaire! c'était le remède ordinaire qu'il employait dans ses maladies; il s'en guéris-

(1) La vie qu'on mène à la Trappe, toute rigoureuse qu'elle est, l'est moins que celle qu'on menait à Clairvaux, du temps de saint Bernard. Il suffit de lire la vie de ce grand Saint, pour s'en convaincre.

sait, en redoublant son abstinence; il a souvent passé deux à trois jours sans manger. Deux fois il faillit mourir d'inanition; des croûtes de pain desséché, que des pauvres avaient laissées au pied d'un chêne, où il fut obligé de passer la nuit, le tirèrent d'embarras; une autre fois, où il était aussi dans une grande nécessité, il vit à trois à quatre pas de lui, une serviette dans laquelle se trouvaient du pain et de la viande, qui lui sauvèrent la vie. Etait-ce quelque chose d'oublié ou de perdu, ou était-ce le fait de la main de celui qui transporta près de Daniel, dans la fosse aux lions, Habacuc, et le dîner qu'il avait préparé pour ses moissonneurs? C'est ce que je ne puis décider.

M. de Quériolet avait tellement mortifié en lui le sens du goût, il s'était tellement habitué aux viandes les plus grossières, que celles qui étaient délicates, lui paraissaient insipides. Il demandait presque tous les jours en passant par les villages, l'aumône de quelques morceaux de pain bis, se réservant de dédommager, à l'occasion, ceux qui les lui donnaient. Tous les matins, en revenant d'avoir été célébrer les saints mystères, il visitait les pauvres malades, et il leur donnait ce dont ils pouvaient avoir besoin. Lorsqu'il allait dire la messe dans une chapelle un peu éloignée, il prenait une bouteille de vin avec lui, afin de la laisser, à son retour, chez quelque paysan malade, qui était hors d'état de s'en procurer ; quant à lui, il ne le buvait jamais pur ; mais il le mélangeait de tant d'eau, qu'il semblait plutôt boire de l'eau.

Quand il dînait dans des maisons religieuses, où, par une très-sainte coutume, on fait pendant le repas une lecture édifiante, afin que le corps et l'âme aient chacun leur nourriture, il écoutait cette lecture avec une telle attention, qu'il oubliait les besoins de son corps ; de sorte qu'il mangeait très-peu, et encore presque toujours de ce qu'il y avait de moins bon ; mais il retenait si bien ce qu'on avait lu de plus instructif, qu'au sortir de la table, il en faisait le sujet de sa conversation. Bel exemple à suivre ! par là on profiterait du temps des repas, pour s'instruire, et les récréations, qui les suivent ordinairement, se passeraient avec plus de charité ; car le sujet édifiant et instructif, dont on s'entretiendrait, couperait court à toutes ces conversations sur le compte d'autrui, dont on a tant de démangeaison de s'entretenir.

LIVRE III.

VERTUS DE LA VIE INTÉRIEURE QUE PRATIQUA M. DE QUÉRIOLET.

Jusqu'ici nous avons principalement considéré M. de Quériolet dans sa vie extérieure; mais comme la beauté de l'âme consiste surtout dans ses vertus intérieures, nous allons voir notre saint pénitent s'adonnant, avec un zèle bien remarquable, à la pratique de toutes ces vertus. Voyons d'abord jusqu'où il porta la vertu de pénitence; nous parlerons ensuite, dans ce troisième livre, de son humilité, de sa vie cachée, de sa simplicité et de sa force, vertu cardinale, qu'il posséda à un bien haut degré.

CHAPITRE I.

Esprit de pénitence de M. de Quériolet. — Il n'éprouve pas les consolations que Dieu accorde ordinairement à ceux qui commencent à s'adonner à la vertu. — Il ne trouve en son âme que des raisons de craindre la justice de Dieu. — Il croit qu'il ne peut s'acquitter de ses dettes envers Dieu, qu'en souffrant le martyre, et il prend la route de Constantinople, espérant le trouver. — Grandes agitations de sa conscience. — Ses amis même ne compatissent pas à ses maux. — Acte héroïque de mortification qu'il fait en allant à Notre-Dame de Mont-Serrat.

Dieu a coutume de consoler, par l'onction de sa grâce, ceux qui, après l'avoir longtemps oublié, reviennent sincèrement à lui ; c'est un tendre père, rempli de bonté, qui condescend à la faiblesse de ses enfants, qui les nourrit de lait, en attendant qu'ils soient capables de supporter une nourriture plus solide. « Je nourrirai de lait la fille de Sion, dit Dieu par la bouche du prophète Osée, je la conduirai dans la solitude et je parlerai à son cœur.[1] Mais dans sa sagesse, il n'accorda pas ces jours de consolation à M. de Quériolet, qui n'eut pas d'enfance spirituelle, dans ce grand nombre d'années, qu'il a passées dans la plus austère mortification ; il eut peu de consolations. Il avait vu la place qui lui était préparée en enfer, s'il ne se convertissait ; et jamais il n'en perdit le souvenir ; quelque effort qu'il fît pour s'élever vers le Ciel, il lui semblait toujours être entraîné vers l'enfer qu'il avait mérité. Que cette épreuve dut le faire souffrir, d'autant plus qu'elle était toujours là faisant saigner son cœur !

Non-seulement il se regardait, selon le conseil de l'Evangile, comme un serviteur inutile, mais même il se considérait comme un esclave infidèle ; et il était persuadé que, pour s'acquitter de ses dettes envers Dieu, il fallait qu'il donnât son sang et sa vie. Selon lui, un martyre ordinaire n'aurait pas été suf-

(1) Propter hoc, ecce ego lactabo eam, et ducam eam in solitudinem : et loquar ad cor ejus. (Os. II, 14.)

fisant, mais il lui aurait fallu des tourments atroces, semblables à ceux que les Néron et les Dioclétien firent souffrir aux premiers chrétiens. Dans ce but, il résolut de partir pour Constantinople, espérant trouver chez les Turcs l'objet de ses désirs. Dans sa bonne foi et sa simplicité, il se mit en route, et il avait déjà bien fait du chemin, lorsque la peste l'obligea de revenir sur ses pas. Rien ne l'arrêtait dans la voie de la pénitence, et lorsqu'on l'engageait à se modérer, il se contentait de répondre : « C'est assez, mon frère, de savoir qu'il y a un Dieu, pour en faire bien davantage. »

Le vœu qu'il avait fait au commencement de sa conversion, de marcher fidèlement dans la loi du Seigneur, le tenait dans une crainte continuelle ; il était persuadé que le premier péché mortel qu'il commettrait, fixerait irrévocablement l'arrêt de sa réprobation ; et sa lâcheté, selon lui, lui faisait craindre à tout moment ce malheur. Plus il avançait dans le chemin de la vertu, plus il croyait retourner en arrière, et il avait presque achevé le cours de sa pénitence, qu'à peine croyait-il y avoir fait un pas. Aussi renouvelait-il à tous moments sa résolution d'être tout à Dieu. Toujours son cœur était en alarmes, toujours son âme était tourmentée ; il aurait pu s'approprier ces paroles de Job : « Les flèches du Seigneur me pénètrent... et ses terreurs m'assiégent de toutes parts.[1] »

Qu'il est triste pour l'âme fidèle de ne vivre que pour Dieu, de ne soupirer qu'après lui, et de ne savoir si on est digne d'amour ou de haine! A quel degré M. de Quériolet dut posséder la vertu de pénitence, pour supporter patiemment de telles angoisses et continuer toujours, malgré cette épreuve, sa vie si austère et si crucifiante pour la nature! Dieu a voulu sans doute nous montrer ce que peut l'homme, revêtu de sa force, et il a donné à notre saint pénitent, par cette épreuve, mille occasions de lui témoigner la grandeur de son amour, et d'acquérir un trésor immense de mérites pour l'éternité.

Cette crainte des jugements de Dieu, qu'é-

(1) Sagittæ Domini in me sunt,... et terrores Domini militant contra me (Job. VI, 4.)

prouvait M. de Quériolet, redoublait dans ses maladies. En 1645, il tomba malade, et sa maladie fut si grave, qu'il fut condamné par les médecins ; il était lui-même persuadé qu'il ne s'en releverait pas. On le plaignait, parce qu'il était aisé de voir qu'il souffrait beaucoup ; mais il a assuré que ce qu'il souffrait dans son corps, n'était rien en comparaison de ce qu'il souffrait dans son âme. Se croyant sur le point de paraître au tribunal du souverain juge, il fut saisi d'horreur, et il se disait à lui-même, que *de mille articles sur lesquels il pouvait être interrogé, il n'y en aurait pas un seul sur lequel il pût répondre.*[1]

Tout ce qu'il avait fait pour purifier sa conscience, lui paraissait suspect ; il craignait d'avoir oublié dans ses confessions, par manque d'examen, les plus énormes péchés de sa vie ; il les répéta deux ou trois fois à son directeur, (ce en quoi on pourrait peut-être le blâmer ; au moins, ordinairement parlant, ne doit-on pas en agir de la sorte ; car l'expérience

(1) Si voluerit contendere cum eo, non poterit ei respondere unum pro mille. (Job. IX, 3.)

prouve que ces répétitions multipliées ne font que troubler la conscience de plus en plus) et il ne trouva la paix du cœur que deux jours après, par un abandon de tout lui-même, à la miséricorde de Dieu.

Mais Dieu, qui se plaisait à multiplier les épreuves de son serviteur, pour augmenter ses mérites, permit que ce calme ne fût pas de longue durée. M. de Quériolet tremblait sans cesse pour ses meilleures actions, dans lesquelles il ne voyait qu'une apparence de bien, et il ne put recouvrer le calme, qu'en considérant de nouveau la bonté infinie de Dieu ; dès lors, il vit avec une grande paix la mort qu'il croyait être proche : mais son heure n'était pas encore arrivée ; ses forces revinrent, et ce fut une nouvelle épreuve pour notre saint prêtre, qui avait déjà salué avec bonheur le moment de sa délivrance. Il fut si affligé de se voir condamné à une nouvelle carrière, qu'il fut trois jours sans presque pouvoir prendre de nourriture. Dieu daigna le consoler dans cette nouvelle peine, en lui disant au fond du cœur, que quand il s'agit de cueillir les fruits d'un jardin, il faut laisser ce soin au jardinier, parce qu'il sait mieux que personne, quand ils sont parvenus à maturité.

Mais ces moments de tranquillité n'étaient que passagers, et il aurait pu dire souvent, comme le Sauveur expirant : *Mon Dieu, mon Dieu, pourquoi m'avez-vous délaissé?* Et afin qu'il ne manquât rien à ses épreuves, la terre semblait conspirer avec le Ciel, pour les augmenter : dans une maladie qu'il eut trois ans avant sa mort, il se fit porter dans une charrette, au couvent des Carmes de Saint-Anne, qui n'était éloigné de sa maison que d'une lieue; son dessein était, s'il venait à mourir, de s'y faire enterrer. Dès qu'il y fut arrivé, plusieurs de ses amis des villes voisines, prêtres et religieux, se hâtèrent de le venir voir; mais il y en eut dans lesquels il ne trouva que ces *consolateurs onéreux*, dont Job se plaignit si amèrement;[1] et qui, pour sonder d'une main téméraire la source de ses peines, ne firent que les augmenter. Il y en eut un surtout qui, de l'air d'un homme entendu, eut

(1) Consolatores onerosi omnes vos estis. (Job. XVI, 2.)

la maladresse de lui dire qu'il n'était pas si malade qu'il croyait, que son mal n'était que dans son imagination. Certes, le compliment n'était pas flatteur ; ces paroles étaient d'autant plus blessantes, qu'elles s'adressaient à un homme qui, depuis sa conversion, avait pratiqué la plus austère pénitence, traitant son corps comme une bête de somme, et même avec bien moins de ménagement, qu'on en a pour les animaux. Dieu permettait que ces affronts lui arrivassent, pour le rendre plus semblable à son divin Fils, qui fut abandonné dans sa passion, par ses disciples mêmes.

M. de Quériolet recevait avec paix et avec patience toutes ces humiliations ; cela ne lui suffisait pas encore : il possédait à un tel degré la vertu de pénitence et l'amour des souffrances, qu'il se refusait même les consolations, que la piété autorise, et que de grands saints n'ont pas fait difficulté de s'accorder. Je ne puis passer sous silence un acte héroïque qu'il fit, qui prouve combien il était mortifié, et quel empire il avait acquis sur lui-même : ce fut dans son pèlerinage à Notre-Dame de Mont-Serrat. A peine avait-il aperçu les clochers de l'église, qu'il sentit son cœur se dilater, à la vue de ce lieu, but de son voyage. Il se réjouissait de pouvoir puiser dans cette source céleste un peu de cette eau précieuse, qui remplit le cœur de la plus douce consolation. Cependant, il réfléchit...; tout à coup ce plaisir bien innocent sans doute, lui paraît ne pas convenir à un aussi grand pécheur que lui, il s'arrête donc, fait sa prière à l'endroit où il se trouve, se relève, et s'en retourne. Si le Saint-Esprit a loué le sacrifice que fit David, en refusant de boire de l'eau, que trois de ses soldats avaient été puiser, au péril de leur vie, à la fontaine de Bethléem, je crois qu'on ne peut trop donner d'éloges au sacrifice que fit notre incomparable pénitent dans cette circonstance. Voulez-vous mieux apprécier, pieux lecteur, tout le mérite de cet acte de vertu? demandez-vous à vous-même, si après avoir marché nuit et jour pendant un à deux mois, pour voir une chose, qui à tous égards, mérite d'être vue, vous auriez, étant près d'arriver au but de votre voyage, le courage d'y renoncer, et d'y renoncer uniquement, parce que vous y trouveriez trop de satisfaction.

CHAPITRE II.

Combien M. de Quériolet dut faire d'efforts pour pratiquer l'humilité. — Il porte de vieux habits pour se faire mépriser. — Partout, il ambitionne la dernière place. — Il reçoit, avec une humilité extraordinaire, une leçon mortifiante d'un supérieur de communauté.

L'humilité, si nécessaire au chrétien, est une des vertus les plus difficiles à acquérir; l'homme, depuis la chute d'Adam, a dans son cœur un foyer d'orgueil et d'amour-propre; il peut bien, par des efforts réitérés, en diminuer l'ardeur, mais il ne parviendra jamais à l'éteindre. Combien l'humilité dut coûter à M. de Quériolet, lui qui était né fier, hautain, désireux de se faire un nom; lui qui autrefois n'aurait pu supporter non-seulement un affront, mais même un air d'indifférence; quels efforts n'a-t-il pas dû faire sur lui-même, pour parvenir à n'aimer que le mépris, pour s'abaisser aux yeux du monde entier, et être toujours prêt à offrir la joue gauche à celui qui l'aurait frappé sur la droite. Voilà cependant les dispositions dans lesquelles il a toujours persévéré, depuis sa conversion jusqu'à la fin de sa vie. La nature sans doute se révoltait en lui, mais il la subjuguait; il en sentit les révoltes, lorsqu'ayant abandonné ses habits précieux, pour en prendre de très-médiocres, ses anciens amis s'en moquèrent; les uns le traitaient de fou et d'extravagant; les autres disaient partout que ce n'était que pour faire parler de lui, qu'il en agissait ainsi. M. de Quériolet se rappelait alors les leçons et les exemples de l'Homme-Dieu, et il comptait pour rien ces vains jugements des hommes; faisant chaque jour de nouveaux progrès dans le chemin de la vertu, il ne souhaitait plus que de devenir l'opprobre des hommes, et le rebut de la société, et jamais il ne se démentit.

Sans doute les gens bien-pensants de la province qu'il habitait, qui connaissaient sa haute vertu, surent à quoi s'en tenir sur son compte, et M. de Quériolet ne put en ce point les tromper; mais il s'en dédommageait dans les lieux où il n'était pas connu ; là, il s'babillait plus négligemment encore, et il affectait même un air d'incivilité, qui ne prévenait pas en sa faveur ; et par là, il s'attirait bien des rebuts dans ses voyages. Quelquefois on lui refusait l'entrée des hôtelleries, où il demandait quelques rafraîchissements ; il priait de lui donner un morceau de pain par charité, et on aimait mieux le lui donner à la porte, que de le laisser entrer dans la maison pour son argent. C'étaient là pour notre saint pénitent ses beaux jours ; alors il semblait heureux, il en bénissait Dieu, et on l'a vu en pleurer de joie.

Cet air rude et impoli, qu'il prenait à l'étranger, il le prenait souvent dans sa propre maison, vis-à-vis même des personnes d'un certain rang ; ainsi, quand il voyait que ce n'était que la curiosité, qui les amenait chez lui, et qu'il ne pouvait procurer en rien la gloire de Dieu, il congédiait ces personnes si brusquement, sans toutefois leur rien dire d'injurieux, qu'elles sortaient fort mécontentes. On n'y revenait pas une seconde fois ; on se plaignait même de ses manières, et c'est tout ce qu'il demandait.

Jamais, depuis sa conversion, il ne voulut siéger au parlement, à titre de conseiller honoraire; quand il y paraissait, ce n'était qu'en qualité d'avocat des pauvres et de défenseur du patrimoine de Jésus-Christ.

A l'église, il recherchait toujours la dernière place, il se tenait à genoux vers le bas de la maison de Dieu. Dans les communautés où il était reçu, il ne pouvait souffrir qu'on le mît au-dessus des autres; de préférence, il recherchait la compagnie du plus simple, du dernier des religieux. Le supérieur des Carmes qui l'avait connu même avant sa conversion, lui dit un jour, sans doute pour faire connaître sa vertu, qu'il craignait fort qu'il ne fût dans l'illusion, il ajouta même qu'il le voyait toujours prêt à faire sa volonté, prompt dans ses humeurs, trop grand parleur, et que, malgré sa conversion apparente, il ne s'était pas corrigé de ses défauts. M. de Quériolet écouta cette dure leçon avec une docilité parfaite; il remercia même celui qui avait bien voulu la lui faire. Il ne s'excusa sur rien; et quoiqu'il eût déjà pris congé pour son départ, il demeura encore la journée entière au couvent, pour y recevoir de nouveaux avis, et trouver de nouvelles occasions de s'humilier. Voilà jusqu'où il était parvenu dans la pratique de l'humilité.

CHAPITRE III.

En quoi consiste la vie cachée en Jésus-Christ — Comment M. de Quériolet la pratiquait. — Sa vie de désirs continuels du bien. — Vœu de ne manger que de trois jours en trois jours. — Il écrit ce qui se passe en lui. — Il se propose saint Alexis pour modèle.

Parlons maintenant de l'amour de M. de Quériolet, pour la vie cachée en Jésus-Christ. Cette vie ne consiste pas à faire toutes ses bonnes œuvres en secret, puisque celui qui, dans son Evangile, nous a dit : « Que votre main gauche ne connaisse pas ce que fait votre droite,[1] » a dit aussi : « Que votre lumière luise devant les hommes, afin qu'ils voient vos bonnes œuvres, et qu'ils glorifient votre Père, qui est dans les

(1) Nesciat sinistra tua quid faciat dextera tua. (Matth. VI, 3.)

cieux.[1] » Le chrétien qui a sa vie cachée avec Jésus-Christ, pour me servir du langage de saint Paul, aime la solitude, recherche de préférence les œuvres basses et obscures ; il ne publie pas sur les toits ses actions vertueuses, il parle peu de lui-même, il a toujours soin d'avoir les intentions les plus pures dans toutes ses actions; s'il doit faire des œuvres, qui lui attireront les éloges et l'estime des hommes, bien loin de s'y complaire, de les rechercher, il en éprouve de la gêne, et il se hâte de se dérober aux honneurs qu'on veut lui rendre. Il ne fait pas consister le mérite d'une action en ce qu'elle peut avoir d'éclat, mais il sait que ce qui en rehausse le mérite, c'est l'intention pure qui nous l'a fait faire. S'il se livre à un travail, qui a pour but de procurer la gloire de Dieu et le salut des âmes, il a soin de ne pas en faire dépendre uniquement la réussite de ses efforts, de la grande activité qu'il déploie; mais il attend le succès de la

(1) Sic luceat lux vestra coram hominibus, ut videant opera vestra bona, et glorificent Patrem vestrum qui in cœlis est. (Matth. V, 16.)

bénédiction céleste; et tout en faisant ce qui dépend de lui, il prend son temps pour prier, pour recommander à Dieu, aux pieds des saints tabernacles, la réussite de ses projets; car celui qui aime la vie cachée avec Jésus-Christ est un homme intérieur, qui connaît son néant, la nécessité du secours de Dieu, sans lequel nous ne pouvons rien, et l'efficacité de la prière. Heureux celui qui aime la vie cachée en Jésus-Christ; car, à l'école de ce divin Maître, et dans la solitude de son cœur, il acquerra une science prompte et profonde de toutes les vertus.

M. de Quériolet posséda cette vertu dans un haut degré; que d'actes héroïques de vertu il pratiqua et qui n'ont eu pour témoin que Dieu, qui nous les fera connaître au jour du jugement! on en a connu quelques-uns, quelque temps avant sa mort. Ce fut alors que dans un entretien, où il parlait avec abandon, il avoua que, pour faire oublier à Dieu les désirs criminels de sa vie, qui lui avaient été reprochés à Loudun, il avait résolu de former autant de bons désirs qu'il lui serait possible, comme de servir la divine Majesté, et de l'aimer de toutes ses forces. Citons ses propres paroles : « Ce fut en conséquence de cette résolution, que quand j'entendais une messe, j'aurais voulu pouvoir entendre toutes celles, qui, ce jour-là, se disaient dans tout le monde, offrir à Dieu tous les sacrifices qui s'y offraient, souffrir toutes les peines des martyrs, et ainsi du reste. »

Ce désir du martyr était si violent en lui, qu'il aurait été transporté de joie, s'il en avait trouvé l'occasion ; et nous avons vu plus haut qu'il s'était mis une fois en route pour l'aller chercher chez les Musulmans. Un jour que la véhémence de ce saint désir d'un côté, et de l'autre l'impuissance de l'accomplir le tourmentaient, il se sentit tout consolé par cette sentence qu'il trouva dans une sacristie, où il se préparait à dire la sainte messe : *On peut être martyr et d'effet et de désir ;* en effet, le désir même, s'il est réellement sincère, est très-agréable à Dieu.

Il tint aussi caché jusqu'à la fin de sa vie le vœu qu'il avait fait de ne manger, pendant quelques années, que de trois jours en trois jours, et seulement du pain avec de l'eau.

« J'eus, dit-il lui-même, bien de la peine à accomplir ce vœu austère, je crus que je n'en pourrais venir à bout ; car après l'avoir fait durant deux à trois mois, j'étais bien fatigué. Cependant je dis en moi-même : Puisque j'ai bien passé ces deux ou trois mois, j'en passerai bien six, et cette année tout entière. Après cette année, je me dis que je passerai encore bien la seconde. Et au bout de cette seconde, je dis : Puisqu'en voilà déjà deux de passées, pourquoi ne passerai-je pas bien la troisième ? Je crus alors qu'avec la grâce de Dieu, il n'y avait rien d'impossible ; et c'est ainsi que j'achevai mes trois années ; mais ce ne fut pas sans me réduire en un piteux état. » Un homme nourri dans la délicatesse et qui ne s'était jamais rien refusé avant sa conversion, dut bien souffrir en passant ainsi d'un point extrême à l'autre.

Cet aveu des grâces intérieures qu'il recevait, des pieux sentiments qu'il éprouvait, et de l'immense désir qu'il avait d'en témoigner à Dieu une juste reconnaissance, cet aveu, dis-je, coûtait beaucoup à son humilité, tant il désirait mener une vie cachée et ignorée.

D'un côté, il savait bien qu'il devait réparer, par une pénitence publique, les grands scandales qu'il avait donnés, et d'un autre côté, son humilité lui faisait craindre de divulguer les grâces si grandes qu'il recevait de Dieu. Son directeur, qui était pour lors un Père jésuite, lui ayant enjoint de mettre par écrit une partie de ce qui se passait au fond de son âme, M. de Quériolet en fut si interdit, qu'il se trouva longtemps hors d'état de prononcer une seule parole; et ce ne fut qu'avec peine qu'il se résolut à tracer sur le papier ce qu'il éprouvait; sentiments tellement élevés, qu'il n'y a que ceux à qui Dieu accorde de telles faveurs, qui puissent y atteindre. C'est ce que dit un de ses historiens; et il est à regretter qu'il ne nous en ait pas transmis le récit; peut-être aurions-nous des pages à comparer à celles écrites par les Thérèse et les Jean de la Croix. Il n'est peut-être pas improbable que cet homme si humble n'ait consenti à prendre la plume, qu'à condition que son écrit ne serait jamais livré à la publicité.

M. de Quériolet s'était proposé saint Alexis pour modèle, et il l'avait pris pour un de ses patrons. S'il n'a pu l'imiter en tout, il l'a très-certainement imité en bien des points. « Qui pourrait savoir, dit celui à qui nous devons son histoire, combien de fois il a souffert la faim, la soif, le chaud et le froid, marchant durant les plus grandes rigueurs de l'hiver, et les plus grandes ardeurs de l'été? Qui peut dire le nombre de fois qu'il a couché dehors? les injures, les confusions et les mauvais traitements qu'il a reçus? Pour moi, continue-t-il, je ne crois pas avoir rapporté la centième partie dans tout ce que j'en ai dit jusqu'ici, parce qu'il n'a eu d'autres témoins de toutes ses souffrances, que Dieu et lui. » Mais si notre saint pénitent a dérobé ses bonnes œuvres aux regards des hommes, elles ont été connues du Père céleste, qui, comme le dit Jésus-Christ, voit nos actes de vertu faits dans le secret, et les récompensera un jour de la manière la plus éclatante.

CHAPITRE IV.

Vertu de simplicité. — Ce qu'elle est, d'après saint François de Sales. — Comment M. de Quériolet l'a pratiquée, et son affection particulière pour les enfants. — Sa charité envers eux l'expose à deux grands dangers. — Sa patience héroïque dans ces circonstances. — Comment il est reçu dans un hôpital.

L'Ecriture nous apprend que Dieu aime ceux qui sont humbles de cœur, et qu'il se plaît à s'entretenir avec ceux qui marchent dans la simplicité.[1] Comme le monde, dont il était un ardent partisan avant sa conversion, M. de Quériolet avait regardé la vertu de simplicité comme quelque chose de stupide; mais il changea bien de sentiments, quand il fut revenu à Dieu.

La simplicité, selon saint François de Sales, est la candeur du cœur qui va droit à la vérité,

(1) Cum simplicibus sermocinatio ejus. (Prov. III, 32.)

droit au devoir, droit à Dieu seul. « Les pauvres petites et blanches colombes, écrivait cet aimable saint à sainte Jeanne de Chantal, sont bien plus agréables que les serpents ; et, pour joindre les qualités de l'un avec celles de l'autre, je ne voudrais nullement donner la simplicité de la colombe au serpent, car il ne laisserait pas d'être serpent ; mais je voudrais donner la prudence du serpent à la colombe, car elle ne laisserait pas d'être belle. Or sus donc, donnons-nous à cette sainte simplicité, fille de l'innocence et sœur de la charité. Je ne sais, disait-il encore, ce que m'a fait cette pauvre vertu de prudence. Si je l'aime, ce n'est que par nécessité, parce qu'elle est le sel et le flambeau de la vie; mais la beauté de la simplicité me ravit.... On me dit que dans un siècle aussi rusé que le nôtre il faut de la prudence pour ne pas se laisser surprendre. Je ne blâme point cette maxime ; mais un bon chrétien aimera toujours mieux être enclume que marteau, volé que voleur, meurtri que meurtrier, et martyr que tyran. Crève la prudence du siècle. Il vaut mieux être bon et simple que rusé et malicieux. »

Tel fut M. de Quériolet, une fois revenu à Dieu ; ses paroles, son maintien, sa conduite, tout fut plein chez lui de droiture et de sincérité. Quand il y était contraint par les circonstances, il racontait les grâces de protection qu'il avait reçues de Dieu, par l'intercession de la sainte Vierge et des saints, comme aussi il savait raconter ses anciens égarements ; mais il ne pouvait souffrir qu'on lui attribuât le bien qu'il avait fait ; il ne voulait que la vérité, et c'est pourquoi il ne pouvait souffrir les louanges, qu'il regardait comme une chose qui ne lui était pas due ; car s'il apercevait en lui des vertus, il savait très-bien qu'il le devait au Père des lumières, d'où descend tout don parfait ; il n'ignorait pas, comme le dit saint Paul, qu'il était incapable d'avoir même une bonne pensée par lui-même,[1] et il savait rapporter à Dieu seul les louanges, parce que s'il ne pouvait se dissimuler à lui-même les actes héroïques de vertus qu'il pratiquait, il savait aussi

(1) Non quod sufficientes simus cogitare aliquid a nobis, quasi ex nobis ; sed sufficientia nostra ex Deo est. (I ad Corint. III, 5.)

que la force lui en venait d'en Haut, et que ce qu'il pouvait, il le pouvait par celui qui le fortifiait.[1]

Il suivait à la lettre cette leçon du Sauveur : « Laissez venir à moi les petits enfants, car c'est à ceux qui leur ressemblent que le royaume des cieux appartient.[2] » Il avait pour eux une tendresse vraiment paternelle ; il les invitait par ses caresses à s'approcher de lui. Son bonheur, c'était de s'en voir entouré ; ceux d'entre eux qui étaient pauvres, recevaient une aumône. Il en entretenait même un certain nombre dans sa maison, et il servait de père à ceux qui n'en avaient plus. Il se rappelait avec douleur, en considérant leur innocence, le malheur qu'il avait eu de perdre la sienne, et il s'efforçait de devenir semblable à eux, doux, simple et sans malice. « Deponentes igitur omnem malitiam, et omnem dolum... Sicut modo geniti infantes.... » (I. Petri II. 1, 2).

Ce grand amour qu'il avait pour les enfants

(1) Omnia possum in eo qui me confortat. (Ad Philip. IV, 13.)

(2) Sinite parvulos, et nolite eos prohibere ad me venire ; talium est enim regnum cœlorum. (Math. XIX, 14.)

faillit un jour lui coûter bien cher. Dans un de ses voyages, il trouva entre Nantes et Pont-Château, un petit garçon que son père avait laissé près d'un grand chemin, pendant qu'il travaillait à quelque distance de là. M. de Quériolet s'approcha de lui, selon sa coutume ; mais l'enfant effrayé, jeta de si grands cris, que M. de Quériolet ne pouvant l'apaiser ni par ses paroles, ni par aucun présent, le laissa et continua son chemin. Le père et ceux qui travaillaient avec lui, alarmés par les cris de cet enfant, le crurent en danger, et accoururent à son secours ; prenant dans leur ignorance, M. de Quériolet pour un sorcier, ils allaient l'assommer de coups, lorsqu'un gentilhomme, qui passait en ce moment, prit sa défense, et le pressa si fort de venir loger chez lui, parce que le jour baissait, qu'il ne put s'en défendre. C'est ainsi qu'il fut délivré de ce grand danger.

M. de Quériolet courut un péril semblable dans un bourg, où l'enfant d'un cordonnier près duquel il se trouvait, fut si épouvanté qu'il tomba en pamoison ; on croyait qu'il allait mourir. A cette vue, le père se munit d'un bâton, et court saisi de fureur sur M. de Quériolet. Il allait le frapper, lorsque celui-ci l'arrêta par ces mots prononcés avec une grande douceur : « Mon ami, je suis prêtre ; je n'ai pas touché votre enfant, et je vous prie de ne point me maltraiter. » Cet homme que la colère aveuglait, mais qui avait de la foi, ne lui fit aucun mal, en lui entendant dire qu'il était prêtre, et il lui avoua que sans le caractère dont il était revêtu, il l'aurait *bel et bien étrillé,* pour me servir de ses expressions. M. de Quériolet ne put s'empêcher de louer au moins en cet homme ses sentiments de foi. Il a toujours cru que ces sortes d'avanies étaient une suite des menaces que le démon lui avait faites à Loudun ; mais celui-ci y perdit bien ses peines, et par là, à son grand déplaisir sans doute, il contribua à montrer au monde la puissance de la grâce ; il voulait dans sa haine implacable nuire à notre saint pénitent, et tout au contraire, il lui fournit l'occasion de mériter beaucoup pour la vie éternelle, où le plus petit acte de vertu surnaturelle trouvera sa récompense. Car qui pourrait dire combien fut grande sa patience, au milieu de ces épreuves ! Ce n'était plus ce gentilhomme d'autrefois, si délicat sur le point d'honneur, et toujours prêt, pour le défendre, à mettre la main à l'épée ; non, ce n'était plus lui qui vivait, mais c'était Jésus-Christ qui vivait en lui ; ce Jésus anéanti, qui a pris la forme d'esclave, selon l'expression de saint Paul, en se faisant homme, ce Jésus qui a sauvé le monde par ses humiliations, sa patience, son amour des souffrances, sa passion et sa mort ; voilà celui que M. de Quériolet avait pris pour modèle et qu'il imitait, autant qu'il est donné à la faiblesse humaine de pouvoir le faire.

Non-seulement M. de Quériolet était bon, simple avec les enfants, mais il l'était avec tout le monde ; on admira un jour sa bonté dans un hôpital : la portière, fille de peu de moyens, alla l'annoncer aux sœurs, en disant que c'était un bigot qui était là. Ces bonnes religieuses, qui connaissaient sa vertu, lui firent part de la manière dont il avait été annoncé ; il rit beaucoup de cette inconvenante dénomination, et loin de s'en fâcher, il donna toujours à cette portière beaucoup de marques de bienveillance.

CHAPITRE V.

Force d'âme et courage que dut avoir M. de Quériolet, pour mener une vie aussi mortifiée. — Appel aux pécheurs. — Différentes épreuves de notre saint pénitent. — Réponse pleine d'humilité. — Son amour pour la solitude et le silence. — Il refuse par humilité de visiter un prélat. — Sa réserve envers les femmes. — Il se refuse les douceurs de l'amitié.

Pour mener une vie semblable à celle de M. de Quériolet, il faut posséder une force d'âme, un courage peu commun; on en conviendra facilement, si surtout on se rappelle ce qu'il était avant sa conversion et ce qu'il fut ensuite; on avouera alors que pour pratiquer une vertu aussi austère, il faut plus de force, plus de courage que pour monter à l'assaut d'une place, et braver l'ennemi sur ses propres remparts. Né d'une famille distinguée par son rang, dans la vigueur de l'âge, exerçant une charge honorable dans la magistrature, maître d'une grande fortune, ne s'asseyant qu'à une table délicatement servie, vêtu richement, M. de Quériolet foule un jour tout cela aux pieds; il se revêt d'un sac de pénitence dans les lieux où il est inconnu, afin d'y être maltraité; dans son pays, où, pour cacher sa vertu, il ne peut pousser les choses aussi loin, il ne couvre sa chair que d'une toile grossière, qu'il laisse souvent pourrir sur lui, et qui devient ainsi rude comme un cilice; sa nourriture est pire que celle du pauvre; il ne passe pas un instant sans souffrir, et il ne fait pas un pas sans douleur, ce que l'on peut aussi entendre à la lettre; car, comme nous l'avons dit, il a soin de garnir l'intérieur de ses souliers de petites pointes de fer. Quel héros de pénitence! Quel martyr de patience! Il fut sans doute autrefois un grand pécheur; mais comme il s'efforça de payer à Dieu toutes ses dettes! Où en seraient les plûs grands pécheurs, si Dieu, pour leur pardonner, exigeait de semblables pénitences! Mais non, pécheur, qui lisez peut-être ces lignes, Dieu vous offre le pardon de toutes vos iniquités, quelque grandes qu'elles puissent être ; et pour cela, il ne vous demande qu'un acte sincère de contrition et la confession faite à un prêtre de vos péchés ; soyez tristes d'avoir offensé Dieu, détestez votre iniquité, et faites le ferme propos de ne plus commettre le péché, et dès lors vous pouvez redevenir l'enfant chéri de Dieu, l'héritier du ciel, le cohéritier de Jésus-Christ, qui fermera l'enfer sous vos pas. Oserez-vous encore vous plaindre de ce qu'il en coûte pour réprimer ses passions, et pratiquer la vertu ? Oserez-vous encore dire, que vous ne pouvez vous séparer de cette personne, fuir cette société qui est pour vous une occasion de chute ? tandis que vous voyez ce héros de la pénitence se condamner à toutes les souffrances pour gagner le ciel. Oh ! combien il s'applaudit maintenant de s'être converti si sincèrement : s'il n'était revenu à Dieu, où serait-il maintenant ? Depuis plus de deux siècles,[1] les tourments de l'enfer seraient son partage. Revenez donc à Dieu, pauvre pécheur, réfléchissez sur la brièveté de la vie,

(1) M. de Quériolet est mort en 1660.

sur la mort qui peut vous frapper à chaque instant, sur la vie future, sur les jugements de Dieu ; recommandez-vous à la sainte Vierge, le refuge des pauvres pécheurs, et dites donc généreusement, comme l'enfant prodigue, dont vous avez suivi les égarements : *Je me leverai, et j'irai à mon Père;* alors c'est Jésus-Christ qui vous le dit dans son Evangile, il y aura plus de joie dans le ciel pour votre conversion, que pour la persévérance de quatre-vingt-dix-neuf justes, qui n'ont pas besoin de pénitence.

Mais revenons à notre digne pénitent ; la peine qu'il eut à se vaincre, pour pratiquer des actes si héroïques, était augmentée par des épreuves intérieures. Dieu, comme nous l'avons déjà dit, ne lui accordait aucune consolation ; le démon, de son côté, lui dressait des embûches ; il n'a pas même échappé à une épreuve, qui est d'ordinaire fort sensible, la censure des gens de bien ; il s'en est trouvé qui ont pensé que sa manière de vivre était plus propre à décréditer la piété, qu'à lui faire honneur. Mais rien ne fut capable d'ébranler une âme si forte, si courageuse ; M. de Quériolet ne désirait pas les consolations célestes, parce que leur privation lui fournissait l'occasion de témoigner à Dieu son amour, et que par là il pouvait se rendre le témoignage de servir Dieu pour lui-même et non pour ses consolations. Ce généreux athlète du Christ ne souhaitait pas non plus de voir finir les persécutions de l'enfer ; parce qu'il avait la confiance que chaque coup qu'il recevait, ajouterait un nouveau fleuron à sa couronne. Quant au blâme que lui infligeaient certaines personnes vertueuses, il l'endurait avec patience, et il ne se plaignait jamais de personne ; ce qu'il craignait par-dessus tout, c'étaient les louanges.

Qu'on me permette d'anticiper sur les faits, et d'en citer un qui trouve ici sa place. Lorsqu'il fut sur le point de recevoir les derniers sacrements, chez les Pères Carmes de Sainte-Anne, où il voulut mourir, le religieux qui devait les lui administrer, lui demanda, selon la pieuse coutume de ce saint Institut, s'il ne demandait pas pardon à ceux qu'il avait pu offenser, et s'il ne pardonnait pas aussi de bon cœur toutes les injures et les torts qu'on lui avait faits. « Ah ! mon Père, lui répondit-il, je demande humblement pardon pour moi, parce que j'ai eu le malheur d'offenser bien du monde ; mais grâce à Dieu, depuis ma conversion, je n'ai jamais eu besoin de pardonner à personne, ne croyant pas que personne m'ait offensé. » Il l'avait cependant été bien des fois, et d'une manière bien outrageante ; mais la charité dérobait à ses yeux tous les défauts du prochain ; et son humilité, qui lui faisait croire qu'il était le plus abominable des hommes, lui faisait regarder les outrages comme des choses qui lui étaient dues. On peut, à juste titre, s'écrier ici avec son historien, qui lui applique ces paroles de l'Ecriture : « Qui est ce héros, et nous le louerons ?[1] »

Ce n'est pas sans faire de grands efforts sur lui-même, qu'un homme accoutumé à vivre dans la dissipation, et à fréquenter la société, s'astreint à garder un silence austère, se bâtit une solitude dans son cœur, pour méditer pendant de longues heures la loi de Dieu. C'est ce que fit M. de Quériolet, et il le fit avec la plus

(1) Quis est hic, et laudabimus eum ? (Eccli. XXXI, 9.)

inviolable fidélité, quand le devoir ne l'appelait pas ailleurs. Semblable à l'Epouse des Cantiques, son cœur était toujours attentif à la voix de son bien-aimé. Je l'ai vu, dit un témoin oculaire, si recueilli dans certains moments, si absorbé à certains versets qu'il lisait dans son bréviaire, qu'il passait parfois une demi-heure sans tourner le feuillet ; il éprouvait une grande peine, quand on l'interrompait dans ses prières.

Voici un fait qui prouve une fois de plus combien il était mort au monde. Un prélat d'une rare piété, et avec qui il avait été fort lié, étant venu acquitter un vœu dans l'église de Sainte-Anne, souhaitait fort de le voir. Les Carmes le lui firent savoir, et quoique son domicile ne fût éloigné que d'une lieue, il ne put se décider à se rendre à cet appel, tant il craignait les honneurs et les louanges.

Il fuyait surtout la conversation des femmes, et il ne s'entretenait avec elles que lorsqu'il s'agissait de leur salut, de la gloire de Dieu et du service des pauvres. Il congédiait promptement les dames de qualité qui venaient lui demander ses avis, et terminait ordinairement son entretien avec elles, par ces paroles du Sage : *Vanité des vanités, et tout est vanité.*[1]

M. de Quériolet poussa la force d'âme et l'éloignement du monde jusqu'à ses dernières limites : il connaissait plusieurs personnes vertueuses, et cependant il n'a jamais eu le désir de les voir et de s'entretenir avec elles ; il n'aurait pas même fait un seul pas pour se procurer cette satisfaction si innocente. Le motif de cette conduite était que l'homme ne se sanctifie jamais mieux, que quand il meurt aux créatures, et que celui que Dieu soutient par la foi n'a pas besoin d'autre secours. Il savait d'ailleurs que, dans ces épanchements si doux de l'amitié, la nature y trouve son compte, qu'on s'y fait une confidence mutuelle de ses peines, que peu à peu on vient à blesser la charité, et qu'ainsi, si on trouve d'un côté de la consolation, on n'est pas toujours de l'autre exempt de tout reproche.

(1) Vanitas vanitatum, et omnia vanitas. (Eccle I, 2.)

LIVRE IV.

SUITE DES VERTUS QUE PRATIQUA M. DE QUÉRIOLET.

Après avoir montré M. de Quériolet pratiquant avec un zèle au-dessus de tout éloge ces vertus humbles et cachées, qui font l'homme intérieur, nous montrerons, dans ce quatrième livre, la source où il les puisa ; nous aurons à parler de son amour pour l'oraison, de sa foi, de sa confiance en Dieu ; nous entretiendrons le pieux lecteur de la crainte qu'il avait de la justice de Dieu, crainte tempérée par un grand amour ; nous admirerons ensuite sa grande dévotion envers Notre-Seigneur Jésus-Christ, caché dans l'Eucharistie ; et après avoir parlé de sa tendre dévotion envers la sainte Vierge, du culte dont il honorait les saints anges et plusieurs saints, nous terminerons ce livre, en faisant voir combien fut grande sa charité envers le prochain, vertu intimement liée à l'amour que nous devons à Dieu.

CHAPITRE I.

Nécessité de l'oraison. — M. de Quériolet a un très-grand attrait pour l'oraison mentale. — Il se sert de tous les événements de la vie pour se porter à Dieu, qui le laisse cependant dans la plus désolante sécheresse. — Compte édifiant qu'il est obligé de rendre de son oraison. — Réflexion qui lui fait surmonter la peine qu'il avait dans les commencements à se lever de bonne heure, pour entendre la messe. — Ses stations pour honorer celles du Sauveur. — Note sur le Chemin de la Croix — Il obtient pour deux personnes une grâce extraordinaire. — Il fait plusieurs prédictions.

Nous avons à parler, dans ce chapitre, de l'amour de M. de Quériolet pour l'oraison, cette force de la vie spirituelle; notre saint pénitent fut vraiment un homme d'oraison; du reste, il est impossible de trouver un saint qui n'ait aimé la prière ; la sainteté est impossible à quiconque n'a pas cet amour. S'il est vrai, comme l'enseigne le grand Apôtre, que sans la grâce nous sommes incapables d'avoir même une bonne pensée pour le Ciel, comment pourrions-nous prétendre tirer de notre propre fond le courage, l'énergie nécessaire pour pratiquer la vertu jusqu'à l'héroïsme; ce courage doit nous venir d'en Haut, et Dieu ne l'accorde qu'à celui qui le lui demande, par une prière humble, fréquente et persévérante; chaque jour, il faut s'humilier devant Dieu, chaque jour, il faut demander, pour recevoir chaque jour; c'est ce que fit M. de Quériolet depuis sa conversion. Dieu lui communiqua, à un haut degré, le don de l'oraison, comme nous le verrons; il répandit sur lui cet esprit de grâces et de prières, dont il est parlé dans les saintes Ecritures. Sans doute tout ce que nous raconterons de ce saint personnage n'est pas praticable par tout le monde; son oraison et la méthode qu'il suivait, ne peuvent servir de règle générale, parce que chacun doit suivre l'attrait de l'Esprit-Saint, qui *souffle où il veut,*[1] et parce que les devoirs d'état ne doivent pas être négligés, pour avoir plus de temps pour faire oraison; en effet, nos travaux offerts à

(1) Spiritus ubi vult spirat. (Joan. III, 8.)

Dieu, deviennent eux-mêmes une excellente oraison ; nous rapporterons cependant ce que nous pouvons appeler les prodiges d'oraison que fit cet homme de prières. Ces prodiges serviront à confondre notre lâcheté, et seront pour nous comme un aiguillon qui nous excitera à la pratique fréquente de la prière. Ah ! si tous les ministres du Seigneur étaient des hommes d'oraison, comme celui dont nous écrivons la vie, ils auraient bien plus d'action sur les âmes, et ils changeraient la face de la terre. Si les chrétiens aimaient et pratiquaient davantage la prière, on ne verrait pas les rangs de la vertu s'éclaircir et les scandales devenir si fréquents.

A l'exception de son bréviaire, de l'*Angelus* et du chapelet, M. de Quériolet faisait peu de prières vocales. Il ne s'épuisait ni en longs discours, ni en recherches dans son oraison ; il y allait tout simplement, il parlait mentalement à Dieu, écoutait les réponses dans le fond de son cœur et tâchait d'en profiter. Une des prières, à laquelle il revenait sans cesse, était celle du Publicain : « Seigneur, pardonnez-moi ; vous savez que je suis un grand pécheur.[1] » Il la faisait au bas des églises, en frappant sa poitrine, et il l'a continuée jusqu'à la fin de sa vie. D'autres fois, comme Magdeleine, il se jetait aux pieds du Sauveur, et joignant ses larmes à celles qu'ont versées cette illustre pénitente et l'apôtre saint Pierre, dont il portait le nom, il conjurait son bon Maître de lui dire au fond du cœur : « Allez en paix, vos péchés vous sont pardonnés. »

Les divers événements de la vie étaient pour lui autant d'occasions qui l'élevaient à Dieu. Un jour qu'il logeait chez les Carmes, à Paris, le religieux qui avait été chargé de prendre soin de lui, ne le voyant pas au réfectoire, à l'heure du dîner, alla le chercher à l'église; ne le trouvant pas, il alla demander aux pauvres, qui l'attendaient à la porte, où il avait coutume de faire ses aumônes, s'ils ne l'avaient pas vu sortir; ils lui répondirent que non; le religieux fit de nouvelles recherches dans l'église, où il le trouva enfin dans un coin. Il y était depuis quatre à cinq heures, en méditation, pour se préparer à la messe;

(1) Deus, propitius esto mihi peccatori. (Luc. XVIII, 13.)

il était si absorbé, qu'il ne croyait pas y avoir mis seulement une heure. La disgrâce assez récente d'une des premières personnes de l'Etat, la vanité des grandeurs humaines, le bonheur d'être à Dieu, et de n'appartenir qu'à lui seul, avaient occupé son esprit pendant tout ce temps-là. Dans ces occasions, les jours ne lui semblaient durer qu'une minute.

Il se plaisait à regarder Dieu comme un soleil, et son âme comme un miroir qui devait en recevoir les rayons. Pour entretenir en lui le feu de l'amour divin, il se rappelait toujours les bienfaits qu'il avait reçus du Ciel. Il priait sans cesse, quoique jamais ou presque jamais il ne ressentît cette onction qui affermit les nouveaux pénitents. Il fit un de ses voyages à Rome, sans recevoir aucune consolation spirituelle, et lors même qu'il fut arrivé au tombeau des saints Apôtres, il sentit qu'il était repoussé comme un homme indigne d'y paraître. Ce fut dans des conjonctures aussi affligeantes, qu'il eut le courage de s'écrier avec saint Augustin : « Seigneur, brûlez, tranchez, coupez, n'épargnez ici ni l'âme ni le corps, pourvu que vous épargniez l'un et l'autre dans l'éternité. » Malgré ces désolantes sécheresses, il trouvait dans la méditation de quoi nourrir son cœur. Dans les voyages dont nous parlons, il sentit une augmentation de foi, et il se dit à lui-même qu'un degré de foi vaut mieux que toutes les consolations qu'on peut recevoir sur la terre; c'est pourquoi il ne se lassa jamais de méditer. Ecoutons-le parler lui-même, dans le compte qu'il fut obligé de rendre de son oraison, à quelqu'un qui était en droit de le lui demander.

« Mes oraisons (il parle de celles qu'il faisait dans ses pèlerinages) étaient toujours de dix heures par jour, et je continue encore, voire même toute la journée; car maintenant je n'ai point de peine de m'appliquer à penser à Dieu. Bien plus il m'est impossible de m'appliquer à penser à une autre chose qu'à lui : et si je veux penser aux affaires temporelles et aux choses de la terre, ce m'est une peine non pareille, et je ne le puis faire du tout; mais pour les affaires du Ciel, ô! tant qu'il vous plaira. Les pensées qui occupent le plus souvent mon esprit, ce sont celles du paradis et de l'enfer. La vision que j'eus dans cette maladie, où j'aperçus le gouffre de l'enfer tout prêt à m'engloutir, m'est encore aussi présente à l'esprit, que lorsqu'elle m'arriva. Voilà l'état où je suis, de façon que pendant toute la journée, soit que je marche, ou que je m'arrête, je tâche d'être toujours en méditation, et de prier Dieu. »

Ce saint exercice lui coûta dans les commencements; il eut de la peine à se lever de bonne heure, pour faire son oraison et aller à l'église pour assister à la messe; mais, entendant un jour la cloche qui appelait les fidèles, il se reprocha sa lâcheté en ces termes : « Misérable que tu es, voilà les autres qui sont à louer Dieu, et te voilà encore vautré dans ton lit! Hélas! combien y a-t-il de courtisans qui sont deux heures à attendre un moment d'audience, à la porte du cabinet du roi, et qui, au bout de tout cela, ne sont assurés ni de lui parler, ni d'être écoutés de lui, ni même d'obtenir un seul de ses regards? Si ces gens-là en usent ainsi pour parler à un roi de la terre, pourquoi ne fais-tu pas la même chose pour parler au Roi du ciel, qui est toujours prêt à t'écouter favorablement, quand tu voudras te donner à lui? » Ces réflexions le frappèrent si vivement, que dans la suite, il se trouvait, tous les matins, à la porte de l'église, avant qu'elle fût ouverte.

Quelque temps après sa conversion, Dieu lui inspira une pratique de piété, qu'il a fidèlement gardée jusqu'à la fin de sa vie; c'était de visiter en esprit, plusieurs fois chaque jour, les stations que parcourut le Sauveur en allant au Calvaire. Il espérait pouvoir aller plus tard visiter les lieux mêmes que Notre-Seigneur sanctifia par sa présence, durant sa passion. En attendant, il visitait tous les jours sept églises et sept autels; et dans ses voyages, il se contentait de s'arrêter devant les croix qu'il rencontrait sur son chemin. Il ne pouvait s'empêcher de se sentir embrasé d'amour et touché de compassion, en se rappelant ce que l'Homme-Dieu avait souffert pour lui, à cause de ses péchés si grands; et il était alors inconsolable.[1]

(1) Il semble d'après ceci que M. de Quériolet ne connaissait pas l'exercice de piété si répandu de nos jours, le *Chemin de la Croix*, auquel les Souverains Pontifes ont attaché de nom-

Les Pères Carmes, chez qui il logeait ordinairement, au retour de ses longs et pénibles

breuses indulgences ; peut-être y a-t-il ici une omission de la part de son historien. M. Collet, dans la Vie de M. de Quériolet, que j'ai sous les yeux, n'en dit rien, et il ne fait aucune réflexion à ce sujet ; que le lecteur me permette de lui dire un mot sur l'excellence du Chemin de la Croix, qui a d'immenses avantages sur la pratique suivie par notre saint pénitent.

Les fidèles de la Palestine d'abord, et dans les âges suivants, de nombreux pèlerins des pays les plus reculés, allaient par dévotion visiter les Lieux-Saints, et parcouraient le chemin suivi par Jésus-Christ lui-même, lorsqu'il allait être crucifié. Les Souverains Pontifes accordèrent des indulgences à cette pratique de piété.

Mais tout le monde ne pouvant se transporter dans la Judée, le Saint-Siége permit que l'on érigeât en d'autres lieux, dans les églises et chapelles le *Chemin de la Croix*.

Le B. Alvar, religieux dominicain, et plus tard les Frères Mineurs, préposés, dès l'année 1342, à la garde des Saints-Lieux, avaient introduit en Europe cette dévotion. Les Souverains Pontifes ont accordé de nombreuses indulgences, tant plénières que partielles à cette pratique ; car ceux qui font le Chemin de la Croix, avec les dispositions convenables, gagnent toutes les indulgences accordées aux fidèles, qui visitent en personne les Saints-Lieux de Jérusalem, et ces indulgences sont applicables aux défunts

Conditions requises pour gagner ces indulgences :

Il n'y en a que deux NÉCESSAIRES. La *première* est de par-

voyages, ont remarqué plus d'une fois, qu'au lieu d'aller prendre son repos dans la cham-

courir réellement toutes les stations, sans en omettre aucune ; se lever par conséquent à chaque station, changer de place, et aller de l'une à l'autre, à moins qu'on n'en soit empêché pour cause d'infirmité, ou à raison de l'exiguïté du local. Dans ce cas, il suffit de faire (et cela est requis) quelque léger mouvement et de se tourner vers la Station suivante.

Quand le Chemin de la Croix se fait *publiquement*, il est permis, d'après un décret du 23 juillet 1757, d'employer la méthode suivante : tous les fidèles restent à leur place ; le prêtre, accompagné de deux chantres, parcourt les stations, et, s'arrêtant devant chacune d'elles, il y récite les prières accoutumées, auxquelles les fidèles répondent à leur tour.

Deuxième condition : C'est de méditer sur la circonstance de la Passion de Jésus-Christ, représentée par le tableau ; mais pour les personnes simples et incapables, il n'est pas requis de méditer sur chacune de ces stations, il suffit qu'elles les parcourent, en réfléchissant de leur mieux, en quelque manière que ce soit, sur la Passion du Sauveur en général.

Les prières que l'on récite ordinairement, comme le *Pater*, l'*Ave*, le *Gloria*, etc., ne sont que de *conseil*.

On peut gagner *plusieurs fois par jour* les indulgences du Chemin de la Croix, en répétant ce saint exercice, qui doit être achevé chaque fois, en une seule fois, à moins que l'interruption ne soit assez courte pour qu'on puisse la considérer comme n'ayant pas eu lieu.

Que le pieux lecteur me pardonne cette digression, qui, à la

bre qu'on lui avait préparée, il allait dans le chœur, ou dans quelque lieu proche de l'église, se prosterner devant le Saint-Sacrement jusqu'à minuit, et alors il se réunissait aux religieux pour les matines. On eût vraiment dit que l'oraison lui tenait également lieu de sommeil et de nourriture.

Des prières aussi humbles et aussi ferventes que les siennes pénétraient les cieux.[1] C'était un autre Elie, tout-puissant par la force de sa prière; il faisait descendre du haut des cieux un feu qui embrasait du divin amour les cœurs de ceux auxquels il portait intérêt. Voici un exemple entre plusieurs autres qui prouve combien ses prières étaient agréables à Dieu.

Une communauté, destinée au service des

rigueur, n'appartient pas à notre sujet. Je voudrais que les personnes pieuses, qui ont du temps libre, fissent très-fréquemment le Chemin de la Croix. On peut faire convenablement ce saint exercice en un quart d'heure. Quel trésor d'indulgences on peut s'amasser, et combien on peut soulager d'âmes du purgatoire! (*Note du correcteur de la Vie de M. de Quériolet.*)

(1) Oratio humiliantis se, nubes penetrabit...... (Eccli. XXXV, 21.)

pauvres malades, souhaitait beaucoup de voir entrer, dans leur couvent, une jeune personne très-capable de bien remplir cet office de charité; mais cette jeune fille ne pensait nullement à embrasser cet état. On pria M. de Quériolet de demander à Dieu de lui donner cette vocation ; le saint prêtre le fit de grand cœur, et il fut bientôt exaucé. Cette jeune personne étant venue huit jours après à l'Hôtel-Dieu, pour faire à une religieuse, sa propre sœur, une visite, elle se trouva si vivement portée à embrasser le même institut, que, malgré les sollicitations de sa famille, les engagements qu'elle avait dans le monde, et l'aversion décidée qu'elle avait autrefois montrée pour ce genre de vie, elle demeura dès ce moment dans la maison, et elle ne voulut pas même en sortir pour régler ses affaires.

La supérieure de cette communauté éprouva bientôt elle-même l'efficacité des prières de ce saint prêtre. M. de Quériolet l'ayant demandée au parloir dans la dernière visite, qu'il fit dans cette maison, on lui dit que, depuis trois jours, cette religieuse était à l'infirmerie, à cause d'une fluxion qu'elle avait à la figure, et qui lui avait tellement enflé la bouche et les joues qu'à peine pouvait-elle articuler une seule parole. Cet homme si charitable alla la voir, et ayant jeté un regard sur elle, il lui dit : « Votre mal n'est qu'un artifice du démon qui veut vous priver du mérite qu'il y a à servir les pauvres. Allez-vous-en de ce pas dans les salles, et je vous assure que vous serez bientôt guérie. » Elle obéit, et l'enflure de son visage disparut en si peu de temps, que personne ne doutât qu'une guérison aussi subite ne fût l'effet des prières de celui qui l'avait annoncée. Il a prédit à la même communauté plusieurs choses qui lui sont très-exactement arrivées. Il prédit aussi qu'une congrégation, établie depuis peu pour le service des pauvres malades, serait un jour calomniée, à cause de certaines pratiques un peu singulières, mais très-innocentes qui s'y observaient; et cette prédiction ne s'accomplit que trop, quelques années après.

CHAPITRE II.

M. de Quériolet puise le courage dont il a besoin dans sa foi. — Ce qu'est cette vertu d'après saint Paul, d'après saint François de Sales, et comment M. de Quériolet en suivit les enseignements

M. de Quériolet posséda à un haut degré la foi, cette vertu nécessaire au salut, le fondement de la vie chrétienne, sans laquelle, comme l'enseigne l'apôtre saint Paul, il est impossible de plaire à Dieu. Il reçut même ce don du Père céleste dans un degré peu commun; pour en être convaincu, il ne faut que se rappeler les vertus héroïques qu'il pratiqua constamment, depuis sa conversion. Comment expliquer autrement cette vie si sainte, surtout si on se souvient des grands égarements dans lesquels il donna, jusqu'à l'âge de trente-quatre ans? Pour se maintenir dans le chemin de la vertu qu'il venait d'embrasser et coopérer à la grâce que Dieu lui offrait pour persévérer, il dut constamment faire sur lui-même des efforts inouis; et cependant, ces efforts il les fit, avec une admirable persévérance, pendant les vingt-quatre ans de sa pénitence. Où alla-t-il puiser le courage nécessaire? Dans sa foi si vive. Saint Paul, dans son épître aux Hébreux (chap. XI.), après avoir cité une foule de saints personnages de l'Ancien-Testament, qui ont été fidèles à l'appel de Dieu, et qui ont triomphé de toutes les difficultés par leur foi, ajoute:[1] « mais le temps me manquera, si je veux parler encore de Gédéon, de Barac, de Samson, de Jephté, de David, de Samuel et des prophètes, qui par la foi ont conquis les royaumes, ont accompli les devoirs de la justice, ont reçu l'effet des promesses, ont fermé la gueule des lions, ont arrêté la violence du feu, ont évité le tranchant des épées, ont été guéris de leurs maladies, ont été remplis de force et de courage dans les combats, ont mis en fuite les armées des étrangers, et ont rendu aux femmes leurs enfants, les ayant ressuscités après

(1) Heb. XI, 32.

leur mort. Les uns ont été cruellement tourmentés, ne voulant pas racheter leur vie, afin d'en trouver une meilleure dans la résurrection. Les autres ont souffert les moqueries et les fouets, les chaînes et les prisons : ils ont été lapidés, ils ont été sciés, ils ont été éprouvés *en toutes manières*, ils sont morts par le tranchant de l'épée : ils erraient couverts de peaux de brebis et de peaux de chèvres, étant abandonnés, affligés, persécutés ; eux dont le monde n'était pas digne, *ils ont passé leur vie*, errant dans les déserts et dans les montagnes, et *se retirant* dans les antres et dans les cavernes de la terre. » Où donc tous ces saints personnages ont-ils été chercher le courage surhumain, dont ils eurent besoin, pour opérer toutes ces merveilles, que le monde n'admire pas, parce qu'étant aveuglé par les passions et par tout ce qui passe, il ne comprend pas de tels prodiges? Où encore une fois ont-ils été chercher ce courage? Saint Paul le dit : *Fide, dans la foi.* Et si vous me demandez maintenant comment M. de Quériolet, cet homme tyrannisé autrefois par toutes les passions du cœur humain, cet homme élevé délicatement, jouissant de grandes richesses, cet homme si orgueilleux et si vindicatif, comment cet homme a pu dompter ses passions, embrasser la vie la plus pénitente, consacrer ses richesses uniquement aux bonnes œuvres, pardonner toutes les injures, rechercher toutes les humiliations et ne vouloir plus ici-bas que la souffrance? Je vous répondrai avec l'apôtre des Nations, *Fide*, *par la foi.*

Lecteur pieux, demandons souvent à Dieu d'augmenter en nous la foi, répétons souvent cette oraison jaculatoire : *Adauge nobis fidem, Domine : adauge nobis fidem.* Seigneur, augmentez notre foi, augmentez notre foi. Combien nous avons à nous humilier, d'avoir vécu jusqu'ici si peu conformément aux nobles inspirations de la foi! Les motifs qui guident nos actions, sont souvent purement naturels, et ainsi nous perdons le temps, qui bien employé, aurait pu nous mériter une immense récompense dans l'éternité. *Tandis donc que nous en avons le temps*, *faisons le bien;*[1] marchons désormais à la lumière de la foi, et vivons de sa vie.

(1) Dum tempus habemus, operemur bonum. (Gal. VI, 10.)

Il faut marcher devant Dieu, selon l'esprit de la foi, et non selon le sens humain, c'est-à-dire, emprunter à la foi la règle de ses actions, de ses paroles et de ses désirs, se laisser constamment guider par elle, comme les Israélites dans le désert suivaient la colonne qui les précédait, et il faut retracer en toute sa conduite les maximes de l'Evangile, les exemples de Jésus-Christ et des saints. Saint François de Sales, qui fut un grand maître dans la vie spirituelle, ne voulait pas qu'on se portât à une chose parce qu'on y avait du goût, ou qu'on s'en abstînt parce qu'on y avait du dégoût; c'est ce qu'il appelait vivre selon la chair et les sens, et non selon la foi. Quand il vous arrive quelque notable difficulté, disait-il, ne remuez rien que vous n'ayez premièrement regardé l'éternité. Ce fut la pratique constante de M. de Quériolet.

Mais continuons à retracer ici, d'après le grand Maître déjà cité, le portrait de celui qui vit selon la foi, et nous rappelant ce que nous avons lu de l'admirable vie de M. de Quériolet, nous verrons qu'il a complétement mis en pratique ces enseignements. « Une personne, disait-il, est bien douce, bien agréable; elle m'aime et me rend service; la chérir uniquement pour cela, c'est aimer selon la chair et les sens....; mais une personne est rude, âpre, incivile : je l'aborde, je lui témoigne de l'affection, je lui rends service, non que j'y aie du plaisir, mais parce que cela est selon le bon plaisir de Dieu, c'est là agir en esprit de foi. Je suis triste, et à cause de cela, je ne veux pas parler : les perroquets font ainsi. Je suis triste; mais, puisque la charité veut que je parle, je le ferai; c'est là vivre de la foi. Je suis méprisé, et je m'en fâche : les paons et les singes font ainsi. Je suis méprisé, et je m'en réjouis : c'est là imiter les apôtres. Vivre donc de la foi, c'est faire les actions, dire les paroles, avoir les pensées que l'esprit de foi requiert de nous. L'âme, appuyée sur l'esprit de foi, s'encourage, au milieu des difficultés, parce qu'elle sait que Dieu aime, supporte et secourt les misérables qui espèrent en lui; elle s'attache à Dieu et dit souvent que tout ce qui n'est pas Dieu n'est rien, que ce qui n'est pas pour l'éternité n'est que vanité. »

C'est là ce que fit M. de Quériolet, après sa

conversion ; il ne vécut plus selon les inclinations de la nature, il les foulait aux pieds, sans en tenir aucun compte, pour n'agir et ne parler qu'en vue de Dieu.

CHAPITRE III.

L'espérance proprement dite et la confiance. — Comment M. de Quériolet excella dans ces vertus. — Il court le plus grand danger, en prenant le parti d'un pauvre paysan, tyrannisé par son seigneur ; sa belle conduite en cette circonstance. — Il tombe malade près d'un fossé, sans aucun secours humain. — Un chien furieux s'élance sur lui. — On lui refuse l'hospitalité, à la porte d'un couvent ; mais l'aumônier le reconnaît et le reçoit.

L'espérance chrétienne se divise en deux branches : l'une aspire à la possession de Dieu dans le paradis, et compte sur le secours de la grâce pour y arriver ; l'autre se repose en la divine Providence, avec un abandon filial, au milieu de toutes les vicissitudes de cette vie. L'une est l'espérance chrétienne dans le sens strict du mot ; l'autre est l'espérance dans un sens plus large, c'est la confiance en Dieu.

M. de Quériolet a pratiqué ces deux vertus et y a excellé.

Comment notre saint pénitent aurait-il tenu à cette vie mortelle? il avait trouvé le moyen de la rendre insupportable à la nature. Il soupirait sans cesse après le ciel, et nous l'avons vu, dans une de ses maladies qui l'avait conduit aux portes du tombeau, avoir bien de la peine à se résigner à ne pas mourir.

Sa confiance en Dieu était inébranlable, et il aurait pu dire avec le prophète royal : « quand je verrais une armée campée autour de moi et prête à m'attaquer, je ne craindrais rien.[1] » Dans ce moment critique j'espèrerais toujours en Dieu. « C'est lui qui est le défenseur de ma vie ; qui donc pourrait me faire trembler.[2] » Sa confiance en Dieu était si grande, que notre saint prêtre eût encore été plus loin, et que comme Job dans ces jours d'affliction, où la main de Dieu le frappait si violemment, il se serait écrié : « Quand je verrais Dieu me por-

(1) Si consistant adversum me castra, non timebit cor meum. (Ps. XXVI.)

(2) Dominus protector vitæ meæ, a quo trepidabo? (Ps. XXVI.)

ter un coup mortel, je continuerais toujours à espérer en lui.[1] » Nous l'avons vu toujours intrépide dans ses voyages, lors même qu'il avait le plus à craindre pour sa vie; était-ce donc sur son arc ou sur son épée qu'il comptait alors?[2] Il en était bien éloigné. Tout son espoir était en Dieu, qui ne lui manqua jamais, et qui se plut à le protéger, dans des occasions bien périlleuses. En voici un exemple.

M. de Quériolet, ennemi déclaré de l'injustice et de l'oppression, ne pouvant souffrir la manière cruelle dont un gentilhomme de ses voisins, qui était riche et puissant, traitait un pauvre paysan, prit sa défense et sut enfin le soustraire à la tyrannie de ce seigneur; celui-ci résolut de s'en venger, et dit partout que tôt ou tard il le ferait. Notre vertueux pénitent, plein de confiance en Dieu, parce qu'il tenait le parti de Jésus-Christ et de ses membres souffrants, ne fit aucune attention à ses menaces. Cependant ce gentilhomme employait tous

(1) Etiamsi occiderit me, in ipso sperabo. (Job. XIII, 15.)

(2) Non enim in arcu meo sperabo : et gladius meus non salvabit me. (Ps. XLIII, 7.)

les moyens pour le perdre; voyant qu'aucun de ses artifices ne lui réussissait, il voulut le surprendre à l'écart; il l'attendit donc un soir fort tard, à son retour d'une chapelle distante de quelques milles, où il avait coutume de rester en prières, jusqu'à neuf à dix heures. L'entendant venir, ce scélérat arme son pistolet, pousse son cheval, blasphémant et criant qu'il va lui brûler la cervelle. Il n'en était plus qu'à dix à douze pas, lorsque son cheval s'abattit, et le jeta si rudement par terre, qu'il en eut le corps tout brisé. Notre saint prêtre, qui avait bien reconnu sa voix, s'était arrêté, et pour toute arme il s'était muni du signe de la croix. Dès qu'il vit son agresseur en danger, il courut à lui, arrêta son cheval qui s'enfuyait, releva le cavalier avec bien de la peine, et tellement brisé qu'il ne pouvait presque plus se tenir debout, et l'aidant à remonter à cheval, il lui dit : « Eh bien, Monsieur, que vouliez-vous faire? Vous pensiez me faire fuir : mais ne savez-vous pas que je n'ai jamais tourné le dos à personne? » — « Il est vrai, Monsieur, répondit l'autre, que sans ma chute j'allais vous tuer. Mais dorénavant je ne vous haïrai jamais. » Là-dessus, chacun s'en alla de son côté; l'innocent bien plus tranquille que le coupable.

Cependant, et nous l'avons vu plus d'une fois, la main qui soutenait M. de Quériolet ne laissait pas de le soumettre de temps en temps à de rudes épreuves, sans doute pour affermir de plus en plus sa confiance. Dans un de ses voyages, il tomba malade dans un endroit désert, et fut si fort affaibli par une violente dyssenterie, qu'il fut obligé de passer cinq à six jours, au coin d'un fossé, sans aucun secours humain. Il leva à son ordinaire les yeux vers le ciel, et le Ciel ne lui manqua pas; il reprit ses forces et il put se remettre en route.

M. de Quériolet courut dans une autre circonstance un très-grand danger. Il était entré dans un village pour y demander par aumône un morceau de pain. Un dogue de la plus haute taille qui l'aperçut du fond d'une cour, où il était attaché, entra dans une telle fureur, et se débattit si fort qu'il rompit sa chaîne, et courut vers notre saint prêtre. Des paysans, le voyant dans cet extrême danger, accoururent à son secours. M. de Quériolet n'avait rien pour se défendre ; car il ne portait jamais de bâton dans ses voyages ; heureusement pour lui, l'animal furieux, au lieu de le saisir et de le déchirer, mordit son soulier, qui céda à ses efforts, et il s'enfuit en l'emportant. Ces bons villageois, saisis d'étonnement et tremblants de frayeur, ne pouvaient comprendre comment il n'avait pas été étranglé et lui dirent, dans la naïveté de leur langage, qu'il devait une belle chandelle au bon Dieu.

Il faillit dans un de ses voyages passer une nuit à la belle étoile ; étant arrivé dans un endroit où il ne trouvait pas de logement, il alla frapper à la porte d'un monastère de religieuses, demandant en grâces et pour l'amour de Dieu, qu'on voulût bien le loger pour une nuit. La tourière, ne pouvant croire qu'un homme aussi pauvrement vêtu fût un prêtre, lui répondit avec beaucoup de civilité, en fermant la porte, que cela ne se pouvait pas. Il demanda au moins un morceau de pain. pour rassasier sa faim ; pendant qu'il attendait cette petite aumône, advint un des chapelains du couvent, qui avait été autrefois à son service, et qui le reconnut sans être reconnu par lui ;

il l'engagea aussitôt, avec la plus respectueuse affection, à monter dans son appartement, où il le traita avec tous les égards dus à son caractère et à sa piété. Les religieuses, apprenant le matin qui il était, ne manquèrent pas de lui témoigner le respect et la vénération qu'elles éprouvaient pour lui. M. de Quériolet les édifia tellement par sa conduite et ses paroles, qu'elles le prièrent de passer quelques jours dans leur maison, pour s'y reposer, et de leur faire le plaisir d'y revenir, quand il en aurait le temps.

CHAPITRE IV.

M. de Quériolet est toujours saisi de la crainte des jugements de Dieu — Cette pensée lui est d'un grand secours, pour persévérer dans la vertu, en vaincre les difficultés, et supporter ses douleurs corporelles. — Il modère cette crainte par la pensée des miséricordes de Dieu. — Deux réflexions importantes qu'il faisait.

M. de Quériolet eut toujours, depuis sa conversion, le cœur épouvanté par la crainte des jugements de Dieu ; comme saint Jérôme qui croyait toujours entendre retentir à ses oreilles la trompette du jugement, et qui tremblait de tous ses membres, tant était grand l'effroi que lui causait ce grand jour, notre saint pénitent eut à souffrir cette épreuve, ou pour mieux dire, il fut favorisé de cette grâce par la divine bonté. En effet cette pensée est d'un grand secours, pour résister aux violentes tentations, pour persévérer dans les œuvres de la pénitence, et pour ne reculer jamais dans les difficultés que l'on rencontre dans le chemin de la vertu. Quel est celui qui, mettant en parallèle le plaisir grossier du moment, que l'on trouve dans l'assouvissement d'une passion, et l'éternité des supplices de l'enfer, cédera à la tentation ? s'il a soin du reste de se recommander à Dieu. Quel est celui qui, sous le poids d'une grande désolation, en présence d'une grande difficulté, laissera tomber ses bras de découragement ? s'il réfléchit à la brièveté du travail, et à la nécessité de vaincre, malgré tout, puisqu'il faut fuir un malheur éternel, et mériter de ceindre son front d'une couronne impérissable. Mais pour cela, il faut être vivement pénétré de la pensée de l'éternité.

M. de Quériolet ne perdit jamais de vue cette place dans l'enfer que ses crimes lui avaient méritée, et qui lui avait été montrée dans un songe comme lui étant réservée, si la miséricorde infinie de Dieu ne l'eût appelé, bien malgré lui, à la pénitence.

Interrogé un jour par celui qui a écrit sa vie, sur ce qui lui donnait plus de force, pour persévérer constamment dans ses exercices de piété, il répondit que c'était d'un côté la crainte du jugement dernier, et de l'autre la considération de l'énormité de ses péchés, la force des tentations dont il était assailli, et l'expérience de sa faiblesse. « Hélas, disait-il, si le juste même aura bien de la peine à soutenir l'examen de son juge, que deviendra un pécheur comme moi? »

Il repassait souvent dans sa mémoire ce qu'il avait lu et entendu dire du petit nombre des élus; il avait sans cesse l'esprit occupé de la rigueur des jugements de Dieu, des terreurs de la mort, de la rage et du désespoir des damnés, des peines inconcevables de ceux que Dieu purifie dans les flammes du purgatoire. Il lisait volontiers, et toujours avec un nouveau profit, les ouvrages qui traitent de nos fins dernières,[1] persuadé avec le Sage,[2] que rien n'était plus propre à le préserver du péché, et à le soutenir dans la voie des souffrances, où

(1) Un des meilleurs ouvrages modernes sur ce sujet, est celui qui a pour titre : *Préparation à la mort, par saint Alphonse de Liguori*. Tournai et Paris, Casterman.

(2) In omnibus operibus tuis memorare novissima tua, et in æternum non peccabis. (Eccli. VII, 40.)

il avait résolu de marcher jusqu'à la mort. « Non, disait-il, les peines de cette vie ne sont rien. Elles sont même d'un prix inestimable, puisqu'en nous procurant un poids immense de gloire, elles abrégent de beaucoup le supplice de ceux qui n'ont pas été assez fidèles à Dieu. »

Ces pensées lui étaient d'un grand secours, pour persévérer dans la pratique des vertus chrétiennes, qui lui coûtaient toujours beaucoup. En revenant à Dieu, il avait bien pensé que les premiers pas, dans cette nouvelle carrière, seraient semés de difficultés ; mais il avait cru en même temps, qu'au bout de deux à trois années, elles disparaîtraient, et que les habitudes du vice se changeraient en habitudes de vertu. Il s'était trompé : son naturel vicieux et impétueux d'autrefois l'aurait toujours porté aux mêmes excès, s'il ne s'était toujours tenu prêt à en réprimer les saillies. Maintenant il reconnaissait que la vertu était plus difficile en pratique qu'il ne se l'était imaginé, et que pour ne pas perdre en un jour le fruit de quinze à vingt années de pénitence, il devait être plus que jamais fidèle et fervent.

L'exemple des gens du monde, qui travaillent nuit et jour pour acquérir des honneurs éphémères, ou une fortune qui ne les suivra pas dans la tombe, lui était un sujet de confusion et animait son courage. Que cette pensée ne fait-elle le même effet sur tous les chrétiens! « Ils aspirent, dit l'Apôtre, après une couronne corruptible, et nous, nous en cherchons une qui ne se flétrira jamais.[1] »

M. de Quériolet se servait quelquefois de ces grandes pensées, pour supporter avec courage de grandes souffrances. Dans les premières années de sa conversion, son assiduité à prier à genoux lui causa un mal si dangereux, qu'il fallut que les chirurgiens coupassent et brûlassent les chairs. Pendant cette douloureuse opération, il occupa si fortement son esprit du supplice des réprouvés, qu'un feu éternel fait mourir à chaque instant, sans qu'ils cessent jamais de vivre, et il fit des réflexions si profondes sur ces paroles du prophète Isaïe : « Qui de vous pourra habiter dans les flammes éter-

(1) Et illi quidem ut corruptibilem coronam accipiant, nos autem incorruptam. (I Cor. IX, 25.)

nelles?[1] » qu'il a avoué depuis qu'il n'avait ressenti aucune douleur.

Il fallut par la suite en venir à une seconde opération, M. de Quériolet n'ayant pas suivi les avis des médecins, pour éviter désormais cette infirmité; mais cette fois, il eut beau descendre en esprit dans les profondeurs de l'enfer, Dieu permit qu'il ressentit toutes les douleurs d'une telle opération. Heureusement pour lui, il n'aimait qu'à souffrir, et il remercia Dieu de ses souffrances.

Le Père Dominique, son fidèle ami, lui ayant demandé, quelques jours avant qu'il tombât en agonie, s'il s'entretenait toujours dans cette crainte des jugements de Dieu, dont il avait été si longtemps rempli. « Oh! répondit-il, oui, mon père, et je serais bien fâché que Dieu me l'ôtât. »

M. de Quériolet modérait cependant cette crainte, par la méditation des miséricordes de Dieu; de sorte que la vertu d'espérance n'en recevait en lui aucun dommage. Il faisait deux

(1) Quis habitabit ex vobis cum ardoribus sempiternis? (Is. XXXIII, 14.)

réflexions, dont l'une bien propre à consoler, à l'heure de la mort, certaines personnes éprouvées jusqu'à ce dernier moment; et l'autre, à glacer d'effroi ces pécheurs qui, négligeant totalement leur salut, remettent au dernier moment, le soin de s'occuper d'une affaire, qui demande tous nos soins, et réclame toute notre sollicitude.

M. de Quériolet disait donc qu'il n'y a pas de crainte à avoir du dégoût des choses célestes, et de l'inquiétude où se trouvent, à l'heure de la mort, des personnes qui ont bien vécu, parce que l'essentiel est d'avoir été à Dieu, et qu'il ne purifie longtemps, que pour couronner plus tôt dans l'autre vie. Une autre réflexion de notre saint pénitent était celle-ci : qu'il ne faut pas compter beaucoup, sur ces grandes marques de douleur et de repentir, que beaucoup de pécheurs ne donnent qu'à la fin de leur vie. « Ah! disait-il, il ne faut pas se fier là-dessus, pour croire leur salut en assurance. Dieu permet peut-être, ou commande même, que ces pécheurs publics et scandaleux lui fassent premièrement et à leur prochain ces amendes honorables pour tous leurs crimes, avant que de les faire sortir de la prison de leur corps, pour les condamner aux supplices éternels : tout ainsi que nous voyons dans le monde, que les criminels de lèze-majesté sont obligés, de gré ou de force, de demander pardon à Dieu, au Roi et à la Justice, avant que d'être exécutés par leurs ministres, qui sont les bourreaux. » Que ces paroles sont terribles ! et qu'il est à craindre qu'elles ne se vérifient pour un grand nombre ! Sans doute Dieu est infiniment miséricordieux, et le moribond qui a un vrai repentir de ses égarements, quelque nombreux qu'ils soient, sauvera son âme ; mais quand on a toujours vécu dans le crime, et quand on a toujours repoussé, jusqu'au dernier moment, la grâce de Dieu, il est bien à craindre, qu'au fond du cœur, ne se trouvent pas le repentir et le ferme propos nécessaires, pour obtenir le pardon, quoique extérieurement le pécheur paraisse repentant.

CHAPITRE V.

La charité se divise en deux branches : l'amour de Dieu et l'amour du prochain. — M. de Quériolet aime son Dieu d'un amour parfait. — Sa fidélité à pratiquer les maximes de l'Evangile. — Sa fidélité à suivre les inspirations de la grâce. — Son horreur du péché.

La charité se divise en deux branches : la charité envers Dieu, et celle envers le prochain, qui est une conséquence de la première ; car il est impossible d'aimer véritablement Dieu, sans aimer aussi son prochain, non par amour pour lui, mais par amour pour Dieu ; plus même on aime Dieu, plus l'amour du prochain est grand ; c'est ainsi que les plus grands saints ont possédé dans un degré héroïque l'amour envers le prochain, faisant entièrement, en toutes circonstances, abnégation d'eux-mêmes pour le servir. Nous parlerons dans ce chapitre de la charité de M. de Quériolet envers Dieu, et dans le suivant de son amour pour le prochain.

M. de Quériolet n'aspira pas seulement à cet amour envers Dieu, qui est renfermé dans l'espérance qui nous le fait aimer, parce qu'il est bon envers nous, et veut notre bonheur; cet amour n'est certes pas condamnable, mais il est imparfait, car il se mélange avec l'amour de notre propre intérêt. Notre saint pénitent posséda la charité parfaite, c'est-à-dire, cet amour qui s'élève au-dessus de tout intérêt propre, qui nous fait aimer Dieu, non pas en vue du bien qu'il nous a fait ou que nous en attendons, mais parce qu'il est en lui-même l'infinie perfection, la bonté souveraine, la beauté incomparable qui ne peut jamais être assez aimée, quand bien même nous n'aurions rien à en attendre; la charité parfaite, pour tout dire en un mot, aime Dieu parce qu'il est Dieu.

La preuve, qu'il a ainsi aimé son Dieu, se trouve d'abord dans son attention délicate à observer non-seulement les préceptes, mais les conseils évangéliques qu'il a pratiqués, jusqu'à la dernière perfection; il a de plus évité jusqu'aux apparences mêmes du péché. Voyons-le à l'œuvre ; c'est d'après ses fruits qu'on juge un arbre.

Qu'a produit l'amour de Dieu dans les plus grands saints? Une inviolable fidélité à obéir à sa loi et à ses inspirations, une haine mortelle de tout ce qui peut lui déplaire, une affection sincère pour le prochain, qui n'admet aucune exception, et qui nous fait aimer même davantage ceux pour qui on sent naturellement plus de répugnance ; la charité parfaite nous porte à la pratique constante des vertus enseignées dans le saint Evangile ; elle nous porte à la haine de nous-mêmes, et à l'amour de la pénitence. M. de Quériolet a marché continuellement, depuis sa conversion, dans cette voie, et il l'a fait avec un courage qui a étonné son siècle, et qui étonnera la postérité.

Qui pourrait dire quelle fut sa fidélité à observer les préceptes et les conseils de l'Evangile? Il nous dit qu'il faut prier ; mais il le faisait du matin au soir, dans une position très-gênante. Le jeûne est recommandé, mais sa vie pénitente n'a-t-elle pas été un jeûne continuel, pratiqué avec une rigueur dont on serait tenté de blâmer l'excès? Il faut au moins donner son superflu aux pauvres; il leur donnait même son nécessaire; et s'il ne vendait pas son bien, c'est qu'il le regardait comme un dépôt, qui lui avait été confié pour eux, et dont il n'était pas le maître.

Quelle ne fut pas sa fidélité aux inspirations de la grâce, même à celles qui le portaient à immoler la nature! C'est cette voix intérieure, qui l'a tant de fois conduit dans les plus affreuses solitudes, et qui lui a fait verser un torrent de larmes, sur les égarements de sa jeunesse; c'est elle, qui lui a fait embrasser et soutenir tant d'austérités, souffrir en paix tant d'affronts, tant de rebuts, tant de contradictions; c'est elle, qui lui a fait entreprendre tant de pèlerinages, et supporter les fatigues incroyables de tous ces pieux voyages faits à pied; c'est elle, qui l'a changé en homme de désirs, selon l'expression de l'Ecriture; autrefois son cœur avait brûlé du feu de toutes les passions; aujourd'hui, il s'enflammait sans cesse par une foule de pieux désirs. Il a continuellement aspiré au martyre; son vœu le plus ardent était de donner sa vie pour l'amour de Jésus-Christ, comme ce divin Sauveur était mort pour le sien. Dieu sans doute, qui récompense la bonne volonté et le désir du bien, n'aura pas manqué de rémunérer, dans la céleste patrie, ces vœux si parfaits et si ardents.

L'amour que M. de Quériolet portait à Dieu, l'avait rempli d'une haine implacable pour tout ce qui pouvait lui déplaire. Comme saint Paul le recommande, dans sa première épître aux Thessaloniciens, il évitait jusqu'à la simple apparence du mal.[1] Il n'y avait point de supplice, quelque grand qu'il fût, qu'il n'eût mieux aimé souffrir, plutôt que de consentir délibérement au moindre péché véniel. Il ne pouvait concevoir comment, parmi tant de personnes qui semblent faire profession d'être au Seigneur, il y en a si peu qui fuient, autant qu'elles le devraient, l'occasion de déplaire à Dieu. Quoique, comme saint Martin, il fût prêt à rester sur la terre, pour travailler encore à la gloire de Dieu, et pour servir les pauvres, qui sont les membres de Jésus-Christ, il croyait ce-

(1) Ab omni specie malà abstinete vos. (I Thess. V, 21.)

pendant, comme l'Apôtre, trouver un gain dans la mort, beaucoup moins parce qu'elle devait lui ouvrir la porte du ciel, que parce qu'elle devait fermer à son cœur et à ses sens celle du péché. Rien ne témoigne mieux de ses dispositions à cet égard, que l'entretien qu'il eut un jour avec le Père Dominique. Celui-ci lui ayant représenté que sa vie était bien nécessaire aux pauvres, qui faisaient des prières, pour que Dieu voulût bien la lui conserver, et qu'il devait joindre ses prières aux leurs, il lui fit cette réponse : « Ah ! mon Père, ne vaut-il pas mieux mourir, que de vivre plus longtemps, quand je ne devrais commettre que le moindre péché véniel. »

Qu'on se rappelle tout ce qu'on a lu jusqu'ici des vertus de M. de Quériolet, et on conviendra qu'il fut un véritable disciple de Jésus-Christ, et qu'il eut pour son Dieu une charité parfaite. Nous trouverons une nouvelle preuve, au chapitre suivant, de son amour pour Dieu dans la grande charité dont il brûlait pour le prochain.

CHAPITRE VI.

La charité envers le prochain a la même source que celle envers Dieu. — Charité de M. de Quériolet envers les pauvres. — Il va au-devant d'eux et les charge souvent sur ses épaules. — Ses aumônes dans ses voyages. — Dieu l'arrête en chemin, pour qu'il porte secours à une femme abandonnée. — Il sert les pauvres de ses propres mains et se nourrit de leurs restes. — On croit que ses provisions se multiplient miraculeusement. — Avec quelle bonté il congédiait les pauvres ! — Il est pris pour un pauvre par une pauvre femme qui lui donne l'aumône ; sa joie en cette circonstance. — Artifices du démon pour le dégoûter du soin des malades. — Charité de M. de Quériolet envers les gentilshommes tombés dans la misère ; il prend en toutes circonstances leur défense. — Il joint toujours l'aumône spirituelle à celle qu'il fait pour le soulagement du corps. — Il ne veut confesser que les pauvres. — Conduite qu'il garda avec une dame de piété. — Sa sollicitude à fuir la visite de ses parents.

Saint Thomas d'Aquin nous enseigne que l'amour qu'on a pour Dieu, et l'amour qu'on a pour le prochain, dérivent d'une seule et même source : *Idem specie actus est quo diligitur Deus et quo diligitur proximus* ; il est donc impossible d'aimer véritablement Dieu, sans aimer véritablement le prochain ; cela nous explique comment les saints se sont exposés à toutes sortes de fatigues, de travaux, pour sauver les âmes ; cela nous explique en particulier cette vie de dévouement, d'abnégation de M. de Quériolet, pour le bien du prochain ; il n'avait de préférence pour personne, sauf pour les pauvres ; il voyait en eux la représentation vivante de la pauvreté et des privations de tout genre qu'a endurées l'Homme-Dieu ici-bas.

A peine M. de Quériolet avait-il commencé à pleurer ses égarements, qu'il pensa à se retirer dans quelque cloître, ou, comme les anciens pénitents, dans quelque solitude, où il ne fût connu que de Dieu. Il fallait auparavant renoncer à tous ses biens, et c'était le vœu le plus ardent de son cœur ; mais les directeurs de sa conscience, à qui il fut toujours très-soumis, l'arrêtèrent dans l'exécution de ce projet ; il obéit, mais il ne regarda toute sa fortune que comme la propriété des pauvres, dont il aurait un grand compte à rendre au Maître souverain, qui la lui avait confiée ; il exécuta cette résolution avec la plus grande ponctualité. Il ne se contentait pas de bien recevoir ceux qui se présentaient d'eux-mêmes, il allait à la recherche des autres, et quand, à cause d'une infirmité, ils ne pouvaient le suivre, il les chargeait sur ses épaules, et les portait dans sa maison. Quand, à cause de la distance, il ne pouvait le faire, il priait quelqu'un d'en avoir soin, et payait libéralement toute la dépense. Le bruit de son immense charité ne tarda pas à se répandre dans toute la Bretagne, et même au-delà ; et bientôt il se vit environné d'une foule de pauvres, qui trouvaient chez lui un accueil bienveillant. Ceux que la honte empêchait de s'adresser à lui avec les autres, étaient aidés secrètement. Il savait discerner à qui et pourquoi il donnait ; il avait surtout en vue le salut des âmes : aussi s'empressait-il de donner à de jeunes filles, que l'indigence exposait beaucoup, des dots convenables, soit pour se marier, soit pour entrer en religion, si elles en avaient la vocation.

Dans ses voyages, il portait toujours une somme d'argent assez considérable, bien moins pour lui, à qui un peu de pain suffisait, que pour les pauvres. Dieu les lui découvrait, quand il ne pouvait les découvrir lui-même.

Un jour, se trouvant dans un chemin très-praticable, il se trouva comme arrêté par une main invisible, et dans l'impossibilité d'avancer d'un pas. Ce prodige lui fit croire que Dieu demandait quelque chose de lui. Il regarde donc de côté et d'autre, aperçoit bientôt une vieille masure, s'y rend et trouve une pauvre femme sans secours, et d'autant plus à plaindre, qu'elle ne pouvait en recevoir, parce que personne ne savait qu'elle fût là. Le pieux voyageur, après l'avoir consolée, se hâta de courir au village le plus proche, et lui procura tous les soulagements dont elle avait besoin; après quoi, il reprit sa route.

Il n'était jamais plus content, plus enivré de joie, que quand il voyait les pauvres arriver en foule chez lui. Il allait au-devant d'eux, les prenait par la main, quand il voyait qu'ils n'osaient approcher de son logis, ou qu'une infirmité les en empêchait; il ne les croyait bien servis, que quand il leur donnait de ses propres mains ce dont ils avaient besoin. Il ne mangeait qu'après eux, et leurs restes lui servaient souvent de nourriture. Il y avait chez lui un magasin de tout ce dont ils pouvaient avoir besoin : habits, linges, souliers, rien n'y manquait ; et quand son magasin était vide, ce qui arriva souvent dans les dernières années de sa vie, il faisait détacher les rideaux de son lit et donnait même ses draps et ses couvertures.

Le bruit s'étant répandu que ses greniers s'étaient trouvés un matin remplis de blé, quoique la veille ils fussent vides, il ne voulut rien avouer de ce prodige ; il se contenta de dire qu'il ne comprenait pas comment depuis plus de dix ans, il n'était pas aussi pauvre que ceux qu'il nourrissait tous les jours ; car dans ses voyages de cinq à six mois, il faisait également l'aumône ordinaire, par les mains de ses domestiques, à tous ceux qui se présentaient chez lui ; et de plus il la faisait lui-même, pendant sa route, à tous ceux qui lui demandaient la charité.

M. de Quériolet disait qu'il ne mourrait pas

content, s'il lui restait cinq sous, au dernier moment de sa vie.

Il ne lui suffisait pas de se dépouiller, pour vêtir ceux qui étaient nus, il s'est souvent, comme le dit un de ses historiens, ôté le morceau de la bouche, pour le leur donner. Il a même plusieurs fois risqué de perdre la vie, pour la leur sauver, ou bien pour arracher à des vexations de pauvres paysans injustement opprimés. On se rappelle sans doute le piége que lui avait préparé un soir un gentilhomme, parce que M. de Quériolet avait pris la défense d'un pauvre paysan que ce seigneur opprimait; et on n'a pas oublié non plus la conduite admirable de M. de Quériolet en cette circonstance.

Il ne congédiait jamais les pauvres qui entraient chez lui, lorsqu'ils se conduisaient bien, qu'au bout de trois jours; et alors même, il usait de délicatesse pour s'en défaire. « Eh bien, mes amis, leur disait-il avec beaucoup de douceur, ne voulez-vous pas bien faire place à d'autres, qui attendent à la porte, et qui sont plus à plaindre que vous? Pensez-y, car leur sort dépend de votre résolution. » Quand ils avaient pris leur parti, il les embrassait, comme on fait à un ami dévoué.

Bien loin de manquer au vœu qu'il avait fait de donner tout son superflu aux pauvres, il leur donnait même son nécessaire; pendant tout le temps de sa pénitence, il ne préleva pour ses propres besoins que la centième partie de ses biens; de cinquante mille fagots, dont il faisait provision chaque année, il n'en brûlait qu'environ quinze dans sa chambre; tout le reste servait à chauffer les pauvres; et il aurait été très-fâché de dépenser plus de cent livres par an pour sa nourriture et pour ses vêtements. Aussi était-il si mal habillé, qu'étant un jour en prières, devant l'autel de la sainte Vierge, dans l'église des Carmes de Loudun, une pauvre femme, le croyant pauvre lui-même, vint lui présenter un à deux deniers. Cette aumône lui fit un plaisir sensible, et pour en témoigner à Dieu sa reconnaissance, il mit une pistole dans tous les troncs qu'il trouva dans les églises de la ville.

Cet amour tout particulier qu'il avait pour les pauvres, était le fruit de la grâce et de ses victoires sur la nature; on comprend assez qu'ayant été, dès l'enfance, habitué à la propreté et aux exigences de la délicatesse, il eut beaucoup de peine à se vaincre sur ce point. Mais ayant examiné les choses des yeux de la foi, il surmonta si bien ses répugnances, que les pauvres les plus couverts de petite vérole ou d'ulcères, étaient ceux qu'il recevait et qu'il embrassait le plus volontiers. Ses domestiques étaient saisis d'horreur, à la vue de ce spectacle, et ils se retiraient en tremblant. M. de Quériolet, au contraire, pressait la main de ces infortunés, et leur rendait les services les plus humiliants. « Si ce n'est pas, disait-il, le Fils de Dieu que je reçois en personne, comme il est arrivé à plusieurs saints, c'est au moins quelqu'un qui le représente, et à qui il a cédé ses droits. »

Le démon, pour le dégoûter de cet exercice de charité, ou même pour le lui rendre dangereux, se présenta un jour à lui sous la forme d'un cadavre infect;[1] et une autre fois,

(1) Voyez le P. Dominique, page 160, où il est dit que le démon sortit du logis, et y laissa une fumée et une puanteur infernale, avec le cadavre, sous lequel il s'était caché, et que

sous celle d'une femme accablée de misères, mais qui, après qu'elle eût été bien traitée dans sa maison, deux à trois jours, parut d'une beauté extraordinaire, et lui tint le langage le plus insidieux. Le premier de ces événements se passa, comme le dit son historien, devant ses domestiques, et une foule de pauvres qui étaient alors dans la maison ; et il est impossible de douter du second, car le démon manifesta visiblement sa présence, en abattant en partant un côté du portail et en faisant beaucoup d'autres ravages.

Si M. de Quériolet avait tant de charité pour les pauvres, nés dans cette condition, il n'en avait pas moins pour ceux, à qui la naissance rend leur misère plus difficile à supporter.

En revenant, vers la fin du mois de septembre de l'année 1643, d'un voyage qu'il avait fait à Notre-Dame de Mont-Serrat, il eut occasion, comme nous allons le dire, de manifester ses sentiments à ce sujet ; mais,

M. de Quériolet fit jeter dans un cloaque. Voyez aussi le même auteur, page 174.

auparavant, nous allons raconter quelques circonstances édifiantes de ce voyage, car nous ne voulons rien laisser passer dans la vie de notre saint pénitent, qui puisse porter à l'édification. Il avait logé la nuit dans un faubourg de la ville de Rennes, chez un pauvre jardinier, qui le fit coucher sur la paille ; il entra le matin dans l'église des Carmes, où, après avoir, selon sa coutume, passé trois à quatre heures en oraison, il dit la sainte messe. Un religieux qui ne le reconnut qu'avec peine, tant il était mal vêtu et tout défait, à cause de la fatigue d'une marche si longue, en avertit le supérieur, et celui-ci l'invita à entrer dans la maison pour s'y reposer. Le voyageur accepta cette courtoisie avec plaisir ; mais il eut toutes les peines du monde à consentir qu'on lui donnât du linge pour changer, et qu'on lui lavât les pieds, selon l'usage qui se pratique dans cette communauté, à l'égard des étrangers. Il avait cependant bien besoin de ces petits soins, car il était encore éloigné de plus de vingt lieues de son habitation, et il ne s'était ni déshabillé, ni déchaussé, durant tout le voyage ; mais on le sait, il était dur et impitoyable pour lui-même, et rempli de compassion pour les autres.

En effet, un religieux qui assistait ordinairement les condamnés à mort, ayant conté que deux gentilshommes avaient eu la tête tranchée, et que trois autres avaient été condamnés aux galères, M. de Quériolet, accablé de douleur à ce récit, parla avec autant de feu que de sagesse, des moyens à employer, pour arrêter en France, et particulièrement en Bretagne, des désordres affreux, qui déshonoraient de bonnes familles, et enlevaient au roi des sujets, qui le serviraient utilement dans ses armées ou dans d'autres emplois. Il dit que la pauvreté des cadets, qui ne recevaient presque rien des successions, et à qui il ne restait que la fierté de leur sang, les portait, dès leur jeunesse, à faire une sorte de guerre aux gens du peuple; qu'il y en avait parmi eux qui levaient une espèce de tribut sur les villageois, qui usaient de violence, pour soutenir leurs intérêts les moins justes; et qui, enfin, se livraient à tant d'horreurs, qu'il fallait les abandonner à la sévérité des lois; il ajouta qu'il était sans doute nécessaire de punir les coupables, mais qu'il valait mieux couper le mal à sa racine; que ces châtiments infligés ne remédiaient pas aux pertes occasionnées au prochain, et n'empêchaient pas qu'on ne lui en fît subir de nouvelles; parce que, tant que le principe du mal, qui était la pauvreté et le défaut d'éducation, subsistait, il en résulterait toujours les mêmes conséquences.

« C'est, ajoutait-il, une chose étrange, qu'on ait pourvu aux misères de toutes les conditions, et qu'on ait oublié la noblesse. Il y a des maisons de piété pour l'éducation des enfants du pauvre peuple. Il y a dans les villes et ailleurs des assemblées de charité pour les pauvres honteux. Il y a des hôpitaux pour les malades et les incurables. Il y a des colléges et des bourses pour les pauvres écoliers, et pour les pauvres ecclésiastiques; et cependant on n'a encore rien fait pour la pauvre noblesse. » Le magnifique établissement de Saint-Cyr et celui de l'école militaire, qu'on a depuis érigés, auraient sans doute un peu tempéré la douleur du saint prêtre. Mais si le plan qu'il formait et dont il parla plusieurs fois, quand il siégeait au parlement, avait été suivi dans toutes les provinces, comme on a fait depuis en Bretagne, en fondant l'hôtel des pauvres gentilshommes à Rennes, la noblesse, plongée dans la misère, aurait trouvé du soulagement dans ses malheurs. Depuis lors, le temps a fait justice des préjugés de cette époque ; la loi, dans beaucoup de royaumes, déclare tous les enfants égaux ; les aînés n'ont plus aucun privilége, mais ils partagent avec tous les autres enfants de l'un et l'autre sexe l'héritage de leurs parents ; ce qui est assurément conforme aux règles de la justice.

Une chose qu'on ne peut trop louer dans la charité que M. de Quériolet eut pour son prochain, c'est qu'il sut toujours joindre l'aumône spirituelle, qui vivifie l'âme, à celle qui n'a pour but que de soulager le corps. Plein de zèle pour la gloire de Dieu, il commençait d'abord par empêcher qu'on ne l'offensât. On ne rencontre que trop, le long des chemins, de ces malheureux voituriers, qui ne savent pas, pour ainsi dire, proférer une parole, sans blasphémer le saint nom de Dieu ; dans ces circonstances, M. de Quériolet les abordait, et de ce ton d'amitié qui n'affiche pas le censeur, il les entretenait de la religion, des fins dernières de l'homme, du compte que nous aurons à rendre à Dieu d'une parole même oiseuse, et à plus forte raison de celles, par lesquelles le nom du Seigneur est profané ; quelquefois même, il s'asseyait à leur table, ou logeait dans leur chambre et il s'y prenait si bien, que, sans avoir l'air de vouloir leur faire la leçon, il continuait à leur parler d'une manière si touchante, qu'il produisait les plus heureux fruits. Il n'aimait pas à se trouver avec les grands du monde ; mais lorsque cela était nécessaire, pour leur bien spirituel, il ne tenait pas compte de ses goûts; c'est ainsi qu'il assista aux noces d'une de ses parentes, pour empêcher par son maintien grave et pieux, les excès que l'on ne se permet que trop dans ces fêtes, et qui font perdre les grâces attachées à un sacrement qui, selon l'apôtre, est d'autant plus respectable qu'il représente l'union de Jésus-Christ avec son Eglise.

Les pauvres avaient une place particulière, dans son cœur, nous l'avons déjà dit; ayant été approuvé pour entendre les confessions, il ne voulut jamais confesser que des pauvres, quoique plusieurs personnes de condition souhaitassent de se mettre sous sa direction. Les brebis abandonnées, quelquefois même rebutées, étaient celles qu'il recherchait, préférablement aux riches qui ne manquent jamais de pasteurs ; non-seulement il ne voulait pas les confesser, mais il refusait même d'avoir la plus petite liaison avec eux. Une dame, aussi illustre par sa piété que par sa naissance, ayant quitté sa maison de campagne, pour venir demeurer à Nantes, où elle trouvait plus de facilité pour ses exercices de piété, et plus d'occasion de faire des bonnes œuvres, conçut une si haute idée de la sainteté de M. de Quériolet, sur le rapport qu'on lui fit des grâces dont Dieu le favorisait, qu'elle résolut de s'ouvrir à lui, et de profiter de ses lumières. Elle lui écrivit plusieurs lettres ; mais elle ne put jamais en obtenir un seul mot de réponse ; dans l'affliction où la mit ce silence, elle eut recours au prieur des Carmes, et le conjura instamment de la faire avertir, aussitôt que le saint prêtre viendrait loger dans leur couvent. Il y vint en effet quelques jours après, et la pieuse dame en fut informée ; dès le matin, elle se rendit à l'église, espérant d'obtenir un entretien qu'elle désirait depuis si longtemps, uniquement pour la gloire de Dieu ; mais elle se trompait, en espérant réussir ; M. de Quériolet fit répondre tout simplement qu'il avait affaire. Il fallut que le supérieur du couvent le priât, et même lui commandât en quelque sorte, de ne pas refuser deux à trois minutes d'audience, à une personne aussi respectable que l'était celle dont il s'agissait. Notre saint prêtre parut enfin ; mais jamais entretien ne fut plus court ; dans la persuasion où il était que ce genre de direction passait ses forces, après avoir écouté fort peu de temps cette dame, il lui dit qu'il n'était fait que pour les pauvres, qu'une femme de sa condition ne manquerait jamais de confesseur, qu'elle devait continuer à suivre les avis de ceux à qui elle s'adressait ordinairement, et il la congédia après ces quelques paroles. A la première vue, on serait tenté de blâmer cette conduite, d'autant plus que M. de Quériolet était si capable de faire le bien, par son exemple et par ses sages conseils ; mais ce n'est pas à nous de juger les saints, ce sont eux qui doivent un jour nous juger; l'Esprit-Saint, qui les dirige dans toutes leurs voies, leur donne des lumières particulières, des attraits puissants qui leur font connaître ce qu'ils ont à faire; tel est destiné à donner l'exemple d'une austère pénitence, d'une vie obscure, cachée, solitaire; tel autre est appelé à l'apostolat; un autre au service du prochain; c'est ce qui explique toutes ces nuances que l'on trouve dans la vie des saints, dans leur manière de pratiquer la vertu, et de travailler à la vigne du Seigneur; tous sont saints; mais tous ne sont pas parvenus à la sainteté par la même voie. Ce que fit M. de Quériolet, lors de la visite de cette dame de piété, saint Arsène le fit, et d'une manière bien autrement rude, à l'égard de la pieuse Mélanie; mettez saint François de Sales dans des circonstances semblables, il aurait agi tout différemment; ses paroles douces et consolantes auraient encouragé dans le chemin du bien ces pieuses personnes; quant à moi, je suivrais plus volontiers le saint évêque de Genève, mais je me garderais bien de blâmer les autres. Que le lecteur me permette de lui raconter l'entrevue de saint Arsène avec la pieuse Mélanie; il verra que M. de Quériolet n'a pas été seul dans sa manière de voir.

Une dame romaine, nommée Mélanie, avait fait le voyage d'Egypte, uniquement pour voir Arsène, et par le moyen de Théophile, elle le joignit lorsqu'il sortait de sa cellule. Elle ne l'eût pas plus tôt aperçu, qu'elle se prosterna à ses pieds. Le serviteur de Dieu lui dit : « Une femme ne doit pas quitter sa maison. Vous avez traversé de vastes mers, pour pouvoir dire à Rome que vous avez vu Arsène, et pour exciter par là dans les autres la curiosité d'en faire autant. » Mélanie, toujours prosternée et n'osant lever les yeux, le conjura de se souvenir d'elle, et de prier pour sa sanctification. « Je prie Dieu, répliqua le Saint, de ne me souvenir jamais de vous. » Mélanie, fort affligée de cette réponse, retourna à Alexandrie; mais le patriarche la consola, en lui expliquant les dernières paroles d'Arsène. « Il prie, lui dit-il, d'oublier votre personne, parce que vous êtes une femme ; quant à votre âme, ne doutez pas qu'il ne la recommande fortement à Dieu. » Beaucoup trouveront cette conduite étrange ; encore une fois, ne jugeons point les saints ; laissons à Dieu ce soin, et tâchons d'imiter leurs vertus. Du reste, Dieu permet sans doute qu'ils paraissent parfois exagérés dans les précautions qu'ils prennent, pour conserver la vertu, pour faire mieux ressortir notre négligence et notre laisser-aller, d'autant plus coupables que nous sommes plus faibles.

Ce n'était pas seulement la visite des étrangers, c'était celle de ses plus proches parents, que notre saint prêtre évitait avec soin. Un seigneur de très-grande condition qui le savait, et qui cependant avait des affaires très-importantes à lui communiquer, s'avisa, pour avoir une audience, d'user d'un stratagème qui lui réussit : il prit des habits de mendiants. On comprend qu'à l'aide d'un tel moyen, il eut ses entrées libres, chez celui qui aimait tant les pauvres ; il fut reçu en effet avec l'accueil le plus cordial ; il fallut cependant en venir à parler de l'objet de sa visite, et quitter par conséquent son masque ; mais cet artifice ne fut pas du goût de M. de Quériolet, qui aimait tant la simplicité ; et peu s'en fallut qu'il ne renvoyât sans l'entendre celui qui avait usé de cet artifice; mais ayant remarqué qu'il ne s'agissait dans toute cette affaire que de choses propres à procurer la gloire de Dieu, et que du reste, il y a des affaires sur lesquelles on ne peut s'ouvrir qu'à très-peu de personnes, il l'écouta avec autant de douceur que de patience, leva tous ses doutes, lui donna des avis salutaires, et le renvoya très-satisfait.

Mais ce n'était pas là son élément, et son cœur le portait sans cesse vers les pauvres; tous les soirs, il assemblait ceux qui étaient dans sa maison; il leur faisait une exhortation touchante ou une lecture pieuse; il les instruisait solidement des mystères de la foi; leur faisait réciter l'Oraison dominicale, la Salutation angélique, le Symbole; en un mot, il leur apprenait tout ce qui est nécessaire ou utile au salut. Il les suppliait d'aller à Sainte-Anne, de se confesser et de se mettre en état de faire une bonne et sainte communion; il les conduisait lui-même à cette chapelle, où il demandait pour eux au Seigneur, et leur faisait demander eux-mêmes, les grâces dont ils avaient besoin.

Chaque soir, après sa conférence, il les installait lui-même au lieu où ils devaient reposer, et il leur donnait sa bénédiction; le lendemain, il les assemblait, leur faisait répéter leurs prières, entre onze heures et midi, parce que, allant tous les jours à l'église de très-grand matin, il ne pouvait le faire plus tôt.

Apercevait-il un pauvre sur sa route, il s'approchait de lui, avec l'empressement d'un ami envers son ami; il lui faisait l'aumône, et ne manquait point d'y joindre l'aumône spirituelle, en lui adressant quelques paroles de consolation, qui faisaient un bien merveilleux. Rien d'étonnant : sa parole était remplie de tant de force et d'onction, que l'homme le plus accablé de misères, après une conversation d'un quart d'heure avec lui, bénissait Dieu de son état; car M. de Quériolet avait un talent tout particulier, pour faire comprendre que Dieu n'envoyait l'épreuve de la pauvreté dans le temps, que pour donner des richesses bien préférables dans l'éternité, à celui qui saurait endurer ses privations pour son amour.

Le zèle qu'il avait pour la gloire de Dieu, et

pour le salut du prochain, le dévorait; il ne pouvait concevoir que si peu de personnes en fussent touchées. Il déplorait surtout la négligence et l'insensibilité de plusieurs ecclésiastiques, et même de certains pasteurs, qui, chargés par état de paître corporellement et spirituellement le troupeau de Jésus-Christ, ne faisaient ni l'un ni l'autre; il demandait à Dieu, par des prières ardentes, jointes à de grandes mortifications, d'éclairer leurs esprits sur ce point et de toucher leurs cœurs.

CHAPITRE VII.

Grande dévotion de M. de Quériolet envers la divine Eucharistie. — Sa longue préparation à la sainte Messe. — Il assiste toujours aux offices qui se célèbrent, lorsqu'il entre dans une église ; même la nuit, lorsqu'il est dans des communautés religieuses. — Il dit la messe, malgré ses infirmités, jusqu'à la fin de sa vie. — Il recommande l'aumône et la sainte communion. — Son horreur du jansénisme. — Il adore le Saint-Sacrement cinquante fois par jour. — Il accompagne toujours le saint Viatique. — Il répare la négligence d'un prêtre. — Il approuve beaucoup une association en l'honneur du Saint-Sacrement. — Sa dévotion à la Passion.

Il n'était pas possible qu'un homme si plein d'amour pour Dieu, n'eût pas la plus vive dévotion, le plus profond respect pour la sainte Eucharistie, qui est le Sacrement des sacrements. Depuis le moment où il eut le bonheur de rentrer en grâce avec son Dieu, il ne soupira plus qu'après ce banquet céleste, où, par un prodige que le peuple juif n'a ni connu, ni soupçonné, Dieu nourrit l'homme de sa propre chair et de son propre sang. Dès que M. de Quériolet fut prêtre, il se fit un religieux devoir de manger chaque jour le pain des anges, et de ne le manger jamais qu'avec les dispositions, qui sont requises pour la réception d'un sacrement si auguste. Se rappelant ces grâces qui l'avaient si vivement sollicité à se convertir, et le pardon de tant de péchés que Dieu lui avait accordé, il s'écriait sans cesse : « Que rendrai-je au Seigneur pour tous les bienfaits que j'ai reçus de sa miséricorde? Je prendrai le calice du salut, et j'invoquerai son nom. » Il l'invoqua en effet, et lui rendit tous les hommages qu'un faible mortel peut rendre à son Dieu ; il passait à l'église toutes les matinées, pour se disposer à la célébration des divins mystères, et il y retournait à l'heure de vêpres, pour y remercier Notre-Seigneur Jésus-Christ, le Souverain Prêtre, d'avoir bien voulu se communiquer à lui. Il le faisait dans une attitude si recueillie, qu'on eût dit un séraphin, devant la divine majesté.

Il n'entrait jamais dans un hôpital ou dans

un couvent, que par la porte de l'église, afin d'y rendre tout d'abord ses devoirs à son Dieu; si on y disait actuellement quelque office, il y assistait jusqu'à la fin, quelque las qu'il pût être. « C'était, dit le père Dominique, une merveille de le voir dans nos couvents ne manquer jamais de se lever à minuit, pour assister à matines avec les religieux, quoique bien souvent il fût arrivé fort tard, et qu'il n'eût reposé qu'une heure ou deux. Il se mettait au bout du chœur, et le visage tourné vers le Saint-Sacrement, il se livrait à la plus douce méditation. Quand les matines étaient finies, il se retirait le dernier, dans un profond silence et dans un recueillement admirable, passant sans parler à aucun religieux, et même assez souvent sans prendre de lumière pour se conduire dans sa chambre. »

Dans sa dernière maladie, malgré l'épuisement de ses forces, il ne manqua jamais un seul jour de dire la sainte messe. Ce n'était que dans ce divin aliment qu'il trouvait des armes contre l'ennemi, qui lui faisait une guerre incessante. « *Bella premunt hostilia,* disait-il très-souvent, *da robur, fer auxilium.* »

Ces paroles qu'il puisait dans une hymne que l'Eglise chante, en l'honneur du Saint-Sacrement, signifient : *Mes ennemis m'assiègent. O hostie salutaire, donnez-moi de la force, portez-moi secours.* La communion fréquente et l'aumône étaient les deux principaux moyens qu'il recommandait le plus, à ceux qui voulaient dompter leur chair et s'affermir dans la vertu. Aussi loin de donner dans l'erreur de Jansénius, il était, dit l'auteur de sa vie, très-sensiblement affligé « de toutes ces nouvelles doctrines, dont le but principal est d'éloigner les fidèles de la dévotion et de la fréquentation de cet aimable Sacrement qui est la véritable nourriture de nos âmes. Il disait qu'il n'appartenait qu'à ces esprits orgueilleux de s'élever contre l'Eglise. Il les appelait l'organe du diable, qui ne pouvant donner visiblement de leçon au peuple, et tenir école publique de la semence de division, employait ses enfants en sa place. »

L'Eucharistie était donc sa vie, et il pouvait s'approprier ces paroles de saint Paul : [1] « Le

(1) Mihi vivere Christus est (Philip. I, 21.)

Christ est ma vie. » Le moment de la consécration était pour lui un moment de ferveur qui le transportait, pour ainsi dire, hors de lui. « Le ciel s'ouvre, disait-il, mon Maître descend ; je vais l'avoir entre mes mains. » A cette pensée si consolante aux yeux de la foi, son âme, comme celle de l'Epouse des Cantiques, se fondait et languissait d'amour.[1]

C'était pour l'entretenir cette précieuse langueur, source féconde de la santé et de la vie de l'âme, qu'à proprement parler, il ne perdait jamais de vue son aimable Sauveur ni le jour ni la nuit ; il saisissait toutes les occasions de renouveler l'offrande qu'il lui avait faite de son cœur. Il saluait cinquante fois par jour le Saint-Sacrement, et chaque fois il disait treize fois : *Loué soit le très-Saint-Sacrement de l'autel,* et le *Tantum ergo Sacramentum,* tout au long.

Quand on portait le saint viatique aux malades, il ne manquait jamais de le suivre, comme un serviteur fidèle suit son maître ; et eût-il fallu rester à jeun toute la journée, il l'aurait

(1) Anima mea liquefacta est. (Cantic. V, 6.) — Amore langueo. (Ibid. II, 5.)

fait également. Dans un séjour de deux mois qu'il fit à Paris, il observa inviolablement cette pratique; et lorsque des personnes, croyant qu'il se trompait de chemin, le lui faisaient observer, il leur disait que sa route était celle que suivait le Saint-Sacrement qu'on portait aux malades ; il l'accompagna un jour, sur la paroisse de Saint-Eustache, depuis une heure jusqu'au soir, quoiqu'on l'attendît dans une maison, pour lui donner de l'argent. Il était aussi surpris qu'affligé de voir si peu de personnes accompagner le Sauveur dans une marche, qui n'a pour principe que son amour pour nous. Il serait en effet bien à souhaiter que les hommes se montrassent plus reconnaissants, pour tant d'amour de la part de leur Dieu ; l'Eglise, cette tendre épouse de Jésus-Christ, toujours pleine de sollicitude pour les intérêts de son divin Epoux, exhorte les fidèles à accompagner le Saint-Sacrement, et pour les y porter plus efficacement, elle a ouvert à cet effet le trésor de ses indulgences.[1]

(1) Sept ans et sept quarantaines chaque fois, pour tous ceux qui accompagnent avec dévotion le Saint-Sacrement chez

De nos jours, il s'est formé à Lyon, à Marseille et dans d'autres villes de France, des associations d'hommes, à qui leur position sociale laisse de la liberté et du loisir, et qui, animés d'une foi vive, pleins d'une piété sincère, et dégagés de tout respect humain, accompagnent à tour de rôle le Saint-Sacrement, chaque fois qu'on le porte aux malades. Il en résulte, outre l'honneur rendu à Notre-Seigneur Jésus-Christ, un grand fruit d'édification pour les paroisses. Nous faisons les vœux les plus ardents pour que ces pieuses associations s'établissent partout.

Peu de temps avant sa mort, M. de Quériolet eut la douleur de voir un prêtre qui, après avoir dit la messe, laissa sur l'autel une hostie, qu'il avait consacrée pour un malade, sans qu'il restât dans la chapelle personne pour l'adorer, ni même qu'il y eût des cierges allu-

les malades, avec un flambeau ou un cierge allumé. — Cinq ans et cinq quarantaines, s'ils l'accompagnent sans lumière. — Trois ans et trois quarantaines, si, ne pouvant eux-mêmes aller à la suite du saint Viatique, ils se font remplacer par une autre personne portant un cierge allumé. (*Le chrétien éclairé sur les indulgences*, par le P. Maurel.)

més sur l'autel. M. de Quériolet apprit que ce prêtre était allé confesser ce malade; mais ne sachant ni où il était allé, ni quand il reviendrait, et voulant réparer cet oubli, il passa en prières deux à trois heures. Ce n'était pas pour lui un sacrifice; il s'en faut de beaucoup, et il pouvait en toute vérité s'approprier ces paroles de la Sainte-Ecriture « Un jour passé dans votre temple vaut mieux que mille autres.[1]

Etant arrivé dans une grande ville de France, que son historien ne nomme pas, il vit avec bien de la joie, que les fidèles, remplis d'amour envers le Saint-Sacrement, et brûlant de zèle pour sa gloire, avaient fait une fondation, afin qu'il y eût toujours, lorsqu'on le portait aux malades, trois ecclésiastiques pour le moins, plusieurs enfants de chœur portant des flambeaux allumés, et un grand nombre de fidèles chantant des hymnes au Saint-Sacrement. Quelques prêtres de cette localité, désirant savoir ce qu'il pensait de cet usage, allèrent le trouver à l'Hôtel-Dieu, où il faisait un entretien aux religieuses qui s'étaient consacrées au ser-

(1) Melior est dies una in atriis tuis super millia. (Ps. 83.)

vice des pauvres ; il continua de leur parler, et il répondit en même temps aux questions de ces messieurs, avec une sagessé remarquable.

L'Eucharistie nous rappelant la passion et la mort du divin Sauveur, M. de Quériolet joignait à la dévotion au Saint-Sacrement, celle envers les souffrances de l'Homme-Dieu ; tous les vendredis de l'année, elles étaient le sujet de sa méditation ; elles l'étaient encore, d'une manière plus spéciale, durant la dernière quinzaine de carême.

CHAPITRE VIII.

La dévotion à Marie est une conséquence de l'amour qu'on a pour Jésus. — M. de Quériolet, au milieu de ses plus grands désordres, prie Marie. — Tout ce qu'il fait en son honneur, après sa conversion. — Il sort victorieux d'une grande tentation, contre la chasteté, par la protection de la sainte Vierge, et il récite en reconnaissance cinquante *Ave, Maria,* chaque jour, le reste de sa vie.

De cette dévotion si tendre à Jésus-Christ découlait, comme le ruisseau de sa source, comme la conséquence de son principe, la dévotion à Marie; en effet l'amour de la mère n'est-il pas inséparable de l'amour du fils? et n'est-ce pas manquer à Jésus-Christ que de ne pas honorer celle qu'il a lui-même entourée de toute sorte de respect et de vénération, lorsqu'il était sur la terre? Du reste plus on aime Jésus-Christ, plus on doit aimer Marie, qu'il a lui-même tant aimée. Plus on est saint, c'est-à-dire, plus on reçoit de grâces auxquelles on correspond, plus on doit témoigner son amour à celle, par les mains de laquelle, comme le disent les saints Pères, toutes les grâces nous arrivent : Jésus-Christ est la source de toute grâce et de toute bénédiction; Marie est le canal par lequel ces grâces et ces bénédictions, découlant du cœur de Jésus, s'épanchent sur nos âmes. On ne doit donc pas séparer dans son amour deux personnes si intimement unies. C'est ce que comprit M. de Quériolet, et il honora toujours la sainte Vierge d'une manière particulière. Il lui devait du reste beaucoup; c'est par son intercession qu'il avait été préservé de deux grands dangers; c'est cette tendre mère qui lui avait obtenu la grâce de son retour à Dieu, « elle avait mis le bras jusqu'au coude, pour me servir des paroles du démon, pour le retirer du fond de l'abîme, lorsque le boisseau de ses péchés était déjà comble. » Il était donc bien juste qu'il eût pour elle toute l'affection et toute la reconnaissance qu'un fils arraché à la mort par sa propre mère, lui doit à jamais à double titre. Nous l'avons déjà remarqué, et nous aimons à le rappeler ici, M. de Quériolet, par une inconséquence infiniment heureuse pour lui, avait toujours eu pour la sainte Vierge une étincelle d'amour, alors même qu'il ne pouvait entendre prononcer le nom de Dieu, sans en frémir de rage; et cet impie célèbre récitait, dans ses plus mauvais jours, l'*Ave Maria*. Nous faisons des vœux pour que ces pages tombent entre les mains de quelque grand pécheur, et qu'il s'accroche au moins à cette dernière planche de salut. Oh oui! recourez à Marie; ce n'est pas en vain que l'Eglise l'invoque sous le vocable de refuge des pécheurs.[1]

Une fois converti, M. de Quériolet devint véritablement un grand serviteur de Marie; sa maison étant située à un quart de lieue d'une chapelle qu'on nomme Notre-Dame de miséricorde, il s'y rendait chaque jour, et on peut dire sans exagérer, qu'il s'y trouvait plus souvent que chez lui. Après avoir fait la prière en commun avec ses pauvres, il allait à sa chère chapelle; il n'en revenait qu'à

(1) Refugium peccatorum, ora pro nobis. (Litanies de la sainte Vierge.)

l'heure du repas, bien plus pour avoir le bonheur de servir les pauvres, que pour rassasier sa faim ; il y retournait ensuite jusqu'à sept, huit à dix heures du soir même, dans la belle saison ; avant de partir, il sonnait l'*Angelus*, pour inviter ceux du voisinage, à honorer, par la récitation de cette prière, celle qu'il servait durant tout le jour.

Les différents pèlerinages qu'il a faits à un grand nombre de sanctuaires consacrés à la sainte Vierge, montrent tout l'amour qu'il avait voué à cette tendre mère. Immédiatement après sa conversion, il fit le pèlerinage de Notre-Dame de Bonne-Nouvelle, dans le but principal de réparer, par sa modestie et par son profond anéantissement dans le lieu saint, le scandale qu'il avait donné à toute la ville de Rennes, par sa dissipation et par son impiété.

Marie lui rendit amour pour amour, et elle était, pour me servir de cette expression, jalouse du cœur de son enfant ; aussi, dès que sa ferveur à son égard se ralentissait un peu, il entendait au fond de son cœur, de manière à ne pouvoir la méconnaître, la voix de sa mère qui le lui reprochait.

Il ne se contentait pas de lui rendre tout l'honneur dont il était capable, il tâchait d'inspirer aux autres les sentiments dont il était animé envers elle. Sachant que la chasteté est une vertu des plus chères au cœur de cette Vierge sans tache, il a porté un grand nombre de jeunes personnes, en qui il reconnaissait cette vocation, à consacrer leur virginité à Dieu par les vœux de religion ; il payait leur dot ; et c'était une des aumônes qu'il faisait le plus volontiers.

Les pauvres qui n'avaient pas de chapelet, étaient réprimandés, et il leur en fournissait, à condition qu'ils en feraient souvent usage ; il apprenait aux petits enfants à se mettre de bonne heure, sous la protection de cette auguste reine ; tous les jours, il faisait chanter ses litanies dans la chapelle dont nous avons parlé.

Cependant l'esprit impur, rempli de rage, à la vue d'une conquête dont il s'était si longtemps flatté, ne cessait de tenter M. de Quériolet ; il lui retraçait la séduisante image de ses anciens plaisirs ; il remplissait son imagination des plus affreux fantômes ; dans un de ses pèlerinages, une femme sans pudeur essaya même de le séduire ; mais elle ne remporta de son insolente démarche, que la confusion de l'avoir faite. Dans ces dangereuses occasions, notre pénitent, toujours en garde contre sa propre faiblesse, s'adressait avec autant d'humilité que de confiance, à la mère de toute pureté ; elle ne lui manqua jamais. M. de Quériolet, sorti victorieux de ce combat, continua son voyage jusqu'à Mont-Serrat, où il rendit de nouvelles actions de grâces à sa libératrice, dans la chapelle où elle est honorée ; en mémoire de cette grande victoire, il n'a jamais manqué depuis de dire chaque jour cinquante fois l'*Ave Maria,* pour remercier Marie.

CHAPITRE IX.

M. de Quériolet honore tous les Saints, et quelques-uns surtout d'un culte spécial. — Il lit la vie des Saints. — Jamais il ne passe devant une église sans y entrer, pour honorer le patron du lieu.

M. de Quériolet, bien persuadé qu'on fait sa cour au prince, quand on honore ses favoris, s'efforça de joindre à un grand amour pour Dieu, une vénération profonde pour tous les habitants de la cité céleste ; il tâcha surtout de se les rendre favorables en imitant leurs vertus. Dans ses pèlerinages aux sanctuaires, où reposent les cendres des martyrs, il demandait cet esprit de foi qui les a rendus victorieux du démon, du monde et de la chair ; il lisait souvent la vie de ceux qui ont excellé dans les vertus, dont la pratique lui paraissait plus nécessaire ; il les prenait pour patrons ; il les invoquait chaque jour dans des litanies qu'il avait composées, en leur honneur. Pendant près de trois ans, il ne fit presque d'autre lecture que celle de la vie des Saints, pratique des plus salutaires, et qu'on ne saurait trop recommander aux fidèles; il est impossible de lire quelques pages de ces sortes de livres, sans se sentir meilleur. La première vie de saints que lut M. de Quériolet, fut celle de saint Jean l'Aumônier, patriarche d'Alexandrie, à qui ses immenses libéralités envers les pauvres ont mérité ce glorieux nom; c'est sans doute là qu'il puisa cet ardent amour pour les pauvres, et l'idée de leur consacrer toute sa fortune; ce qu'il fit en effet, comme nous l'avons vu. Il aimait aussi la lecture du Traité des quatre fins dernières, par Denis le Chartreux;[1] il embrasait son âme du désir du martyre, par la lecture de la vie des Martyrs : « Oui, mon Jésus, disait-il, oui, je ne demande d'autre grâce, que celle de mourir pour vous. » La dévotion qu'il avait pour quelques saints en

(1) Saint Alphonse de Liguori a écrit sur cette matière un ouvrage remarquable qui a pour titre : *Préparation à la mort.*

particulier, ne nuisait pas au culte qu'il avait voué à tous les Saints en général ; jamais il ne passait près d'une église ou d'une chapelle sans y entrer, pour honorer le patron du lieu.

CHAPITRE X.

M. de Quériolet a une vénération particulière pour les saints Anges. — Il honore d'une manière spéciale son Ange gardien et saint Michel. — Il échappe à la mort par la protection de ce saint Archange. — Il va au mont Saint-Michel, pour lui en témoigner sa reconnaissance, où ce saint protecteur le délivre encore d'une mort certaine.

M. de Quériolet a toujours eu, depuis sa conversion, une vénération particulière pour les saints anges ; il ne doutait pas, comme il est dit dans l'Evangile, qu'ils ne célébrassent dans le Ciel une fête à la conversion d'un pécheur ; [1] et il les priait de lui obtenir ce don de persévérance qui couronne tous les autres, et sans lequel les conversions les plus éclatantes ne servent de rien. Il pensait sans cesse

(1) Gaudium erit coram Angelis Dei super uno peccatore pœnitentiam agente. (Luc. XV, 10.)

à son ange gardien, qui l'avait si souvent arrêté sur le bord du précipice, lorsqu'il y courait à bride abattue ; il honorait saint Michel, comme celui qui a triomphé du dragon, et qui l'a relégué dans l'abîme éternel. Il serait à souhaiter que les fidèles invoquassent souvent ce saint archange dans leurs tentations ;[1] ils obtiendraient une grande force pour confondre facilement le démon. Prions aussi saint Michel pour l'Eglise, dont il est le protecteur, comme il l'a été autrefois de la Synagogue ; en ces temps d'impiété, où les méchants redoublent leurs efforts pour détruire la sainte Eglise, comme ils le souhaitent dans leurs vœux insensés, prions saint Michel de combattre pour son triomphe.

M. de Quériolet ressentit la protection du saint archange dans une circonstance où sa vie était en danger ; cinq à six jours avant la fête de ce glorieux chef de la milice céleste, il fut atteint d'une fièvre opiniâtre, dont l'ar-

(1) On a réuni en un petit volume ce qui concerne le culte de ce saint Archange : *Recueil de prières et de méditations en l'honneur de saint Michel*, chez Casterman, à Tournai.

deur redoubla le jour même de la fête ; il aurait bien voulu dire la sainte messe, ou au moins pouvoir y assister ; mais l'accablement dans lequel il était plongé, semblait y mettre un obstacle invincible ; il hésitait donc beaucoup sur le parti qu'il avait à prendre ; mais enfin il se sentit si vivement porté à aller à l'église, que, malgré tout ce que l'on put lui dire, il s'y rendit en effet, mais avec une peine extraordinaire et comptant se remettre au lit, aussitôt qu'il serait de retour chez lui. Revenu à son domicile, un secret mouvement le porta à aller dans son jardin, où il se coucha sur le banc d'une de ses treilles. Il y était depuis environ deux heures, lorsqu'un de ses domestiques vint lui dire tout éperdu, que sa chambre s'était écroulée et que son lit était entièrement brisé. Il comprit alors que c'était une inspiration céleste qui l'avait dirigé dans toutes ces circonstances. Cette protection visible de saint Michel ne fit qu'augmenter sa dévotion envers lui ; il allait souvent l'invoquer et lui rendre des actions de grâces, dans l'église des Chartreux d'Auray, dont il est le principal patron ; il a aussi fait trois fois dans le même but le voyage du mont Saint-Michel, et il éprouva là encore la protection du saint archange, car, s'il n'était venu à son secours, il eût été enveloppé par les eaux de la mer qui l'environnaient de toutes parts, et qui sont très-dangereuses dans ce lieu, quand on y marche sans guide.

CHAPITRE XI.

La dévotion envers sainte Anne est très-ancienne dans l'Eglise. — M. de Quériolet va sans cesse honorer cette sainte, au pèlerinage de Sainte-Anne. — Les Bretons ont toujours eu et ont encore une grande dévotion envers elle. — Il existe encore de nos jours un pèlerinage en son honneur.

La dévotion à sainte Anne remonte aux premiers siècles du christianisme ; les fidèles ont voulu, dès le principe, honorer celle qui fut la mère de la très-sainte Vierge et l'aïeule de Notre-Seigneur Jésus-Christ ; elle jouit dans le ciel d'un grand crédit, et ce n'est pas en vain qu'elle porte son nom qui signifie, d'après saint Epiphane, grâce. Un des sanctuaires les plus vénérés, érigé en l'honneur de notre sainte, était celui de Sainte-Anne, en Bretagne ; c'était un séjour que chérissait beaucoup M. de Quériolet ; il favorisa toujours de ses largesses le couvent des Carmes qui desservaient cette chapelle ; il s'y rendait très-souvent, quoique éloigné d'une lieue ; une ou deux fois par semaine, il faisait une aumône générale à tous les pauvres qu'il trouvait à la porte de l'église, et il les y conduisait quelquefois pour prier avec lui ; sa dévotion envers cette sainte était si grande, que lorsqu'il ne pouvait aller à Sainte-Anne, il jetait d'un lieu élevé ses yeux vers ce séjour cher à sa piété, se mettait à genoux, et faisait sa prière de l'endroit où il se trouvait ; il désirait y mourir, et lorsqu'il fut atteint de la maladie qui l'enleva à la terre, il regarda comme une grâce signalée celle que Dieu lui fit de pouvoir, malgré sa faiblesse, y être transporté. Du reste cette grande dévotion qu'il avait à sainte Anne, lui était commune avec les fidèles Bretons ; aussitôt, nous dit l'historien de M. de Quériolet, qu'ils peuvent apercevoir Sainte-Anne, ils se mettent à genoux, puis vont nu-pieds jusqu'à ce pieux sanctuaire, où ils rendent leurs hommages à cette puissante patronne de leurs familles et de la province.

De nos jours la dévotion envers sainte Anne

est encore très-grande en Bretagne ; on la vénère d'une manière particulière à Saint-Anne d'Auray, et on évalue à deux cent mille le nombre des pèlerins qui s'y rendent chaque année.

Fasse le Ciel que la dévotion envers cette illustre sainte se propage ; Jésus et Marie seront plus portés à nous favoriser de leurs bienfaits, si nous honorons d'un culte particulier, celle qui leur fut unie par les liens de la plus étroite parenté.

CHAPITRE XII.

M. de Quériolet ne regarde jamais en arrière dans le chemin de la vertu; mais il progresse sans cesse, et ne se rebute d'aucun obstacle.

Il y avait vingt-cinq ans environ que M. de Quériolet persévérait dans la vertu, malgré tous les obstacles que le démon, le monde et les passions lui avaient opposés; toujours en haleine pour la gloire de Dieu, pour son salut et celui de ses frères, il expiait ses anciens désordres par la plus austère pénitence, et il pratiquait toutes les vertus qui font le parfait chrétien. Comme c'est la persévérance qui obtient la couronne, et que celui-là seul sera sauvé, qui aura persévéré jusqu'à la fin, il craignait toujours de faire, sur la fin de sa carrière, une de ces chutes qui empêche de parvenir au ciel, parce qu'elle endurcit le cœur et lui enlève la seule planche de salut, le repentir. Il avait toujours devant les yeux ces paroles que le démon, forcé de trahir les intérêts de sa méchanceté, lui avait dites par la bouche d'une possédée : « Nous avons dans l'abîme des gens qui avaient bien commencé, et avec une grande ferveur, mais qui, quoiqu'ils se fussent soutenus dans la voie de la vertu, pendant des dix années, et qu'ils eussent déjà un pied dans le ciel, sont maintenant avec nous dans le séjour de la mort, parce qu'avec le temps ils se sont relâchés. Nous les laissons pour quelque temps en repos, et alors ils s'imaginent être déjà en possession de la victoire, à cause de telle prière qu'ils ont faite, ou de telle mortification qu'ils ont pratiquée. Mais dans ce moment où ils croient avoir ville gagnée, nous revenons à la charge, et comme ils sont moins sur leurs gardes qu'auparavant, nous les faisons tomber ; c'est là de toutes les ruses, celle qui nous réussit le mieux. »

Ici le père du mensonge parle, comme il fit quelquefois du temps du Sauveur et de ses apôtres, le langage de la vérité. M. de Quériolet craignait sans cesse d'être pris dans les piéges du démon. Cette crainte salutaire lui donnait de l'énergie; surtout lorsqu'il se souvenait qu'il avait passé tant de nuits à commettre bien des péchés; il croyait ne rien faire pour Dieu, malgré tout ce qu'il faisait en effet. Il redoublait d'efforts à chaque instant, il travaillait sans cesse avec une générosité au-dessus de tout éloge; car il ne recherchait nullement les consolations; loin de les souhaiter, il désirait plutôt en être privé. Sa marche, je dirai mieux son élan dans la vertu, fut toujours sage et continu; il ne ressembla pas à ces personnes que l'on pourrait comparer à un torrent impétueux : elles font beaucoup de bruit et semblent vouloir tout renverser dans les commencements, mais elles s'arrêtent tout à coup et abandonnent le chemin de la perfection. La piété de M. de Quériolet fut semblable à un ruisseau, qui coule sans cesse, et qui, bien loin de tarir jamais, s'augmente toujours à mesure qu'il s'avance, fertilisant tout ce qu'il rencontre, et vainquant tous les obstacles qui contrarient sa marche; telle fut la vie de ce saint prêtre; on peut lui appliquer cette parole de l'Ecriture : « Il passa en faisant le bien. » Il imita son divin Sauveur autant qu'une créature peut le faire. Jamais ni occupations, ni souffrances, ni maladie ne lui ont fait interrompre ses exercices de piété. Il priait d'esprit et de cœur, quand la violence de son mal ne lui permettait pas de le faire de bouche; il se souvenait que ce fut dans son agonie que Jésus-Christ pria plus longtemps et qu'il insista davantage pour être exaucé.

LIVRE V.

DERNIÈRE MALADIE DE M. DE QUÉRIOLET. — SA MORT (1660). — PRODIGES QUI SUIVENT SON TRÉPAS.

CHAPITRE I.

M. de Quériolet annonce sa mort. — Il excite en lui une très-grande confiance en Dieu et une entière conformité à sa volonté. — Il se transporte avec des efforts inouïs à Sainte-Anne. — Il demande les derniers sacrements. — Il soupire après la mort. — Sa terrible agonie et son admirable patience. — Il meurt enfin les bras en croix et les yeux levés vers le ciel. — Il est enterré dans l'église des carmes de Sainte-Anne.

Cependant le fruit de l'arbre était mûr, et le céleste jardinier allait bientôt le cueillir, pour le serrer dans son grenier; M. de Quériolet touchait donc à la fin de sa vie; quelques mois avant sa dernière maladie, il en parla avec tant de précision à ses domestiques, qu'on crut que Dieu la lui avait révélée ; il les consola d'avance, et il leur donna, en bon père de famille, les avis dont ils avaient besoin, pour se soutenir dans la piété. Il se munit des armes qui sont plus nécessaires que jamais dans ces derniers moments, où l'ennemi du salut multiplie ses ruses pour nous perdre. Les moyens qu'il employa pour vaincre dans ce combat, furent la confiance en Dieu, et une pleine et entière soumission à toutes ses volontés ; ce fut du reste la règle de toute sa conduite, et dans les circonstances difficiles où il s'est trouvé, il n'eut jamais d'autre devise que celle-ci : « La volonté de Dieu soit faite ; tout ce qu'il voudra, et comme il le voudra. Mais, ajoutait-il, Dieu n'accomplit point sa volonté en nous, tandis qu'il nous trouve attachés à la nôtre. » Il était bien éloigné de vouloir par rapport à la continuation de ses jours, autre chose que ce que voulait son divin Maître ; non-seulement il se résignait à la mort, il souhaitait même la dissolution de son corps, pour être uni à son Dieu dans l'éternité. L'aurore de ce jour si désiré ne tarda pas à paraître ; il tomba malade la nuit du 21 au 22 septembre de l'année 1660. Comme sa règle était d'aller, tous les mercredis, au couvent de Sainte-Anne, pour y dire la messe, il tâcha le matin de se lever ; mais il fut obligé de se remettre au lit. Les deux jours suivants, il fit de nouveaux efforts ; mais ce fut inutilement ; enfin le samedi, qui était son jour privilégié pour ce saint voyage, Dieu lui donna assez de forces pour se mettre en marche.

Ce trajet lui fut très-pénible, il lui fallut faire bien des pauses, dont la dernière fut à une chapelle de Sainte-Brigitte, à laquelle il avait beaucoup de dévotion ; enfin, il arriva au couvent de Sainte-Anne ; il alla droit à l'église, où il entendit une ou deux messes, prit quelque rafraîchissement au réfectoire, puis se retira dans sa chambre ordinaire. Son mal diminua beaucoup pendant deux à trois jours, et on le crut hors de danger ; mais la fluxion étant tombée, la nuit suivante, sur les poumons, les choses changèrent de face. Ce qui l'inquiéta le plus, ce fut la crainte de mourir sans avoir reçu les derniers sacrements. Le P. Dominique, qu'il envoya chercher de grand matin, pour les lui administrer, le confessa; mais il lui donna simplement la communion, parce qu'il ne le crut pas assez mal pour le communier en viatique.

Deux médecins qu'on appela aussitôt lui prescrivirent des remèdes dont il usa pendant huit jours, mais qui ne servirent qu'à irriter son mal. Ce mauvais succès, et l'impuissance où il était de rien prendre de solide, le firent renoncer à tous les médicaments. Comme on vit que son mal empirait sans cesse, on lui donna le saint Viatique, avec toutes les cérémonies qui sont en usage, quand on l'administre aux religieux. Dieu lui fit connaître que son exil touchait à sa fin, et qu'il serait bientôt avec lui dans la céleste Jérusalem. Cette nouvelle le pénétra de joie ; il attendit l'heure de sa délivrance, avec cette sainte impatience qui ne convient qu'aux élus; les heures lui paraissaient des jours et des semaines. « Ah ! disait-il, que mon séjour dans cette terre de misères est long ! Quand irai-je, quand aurai-je le bonheur de paraître devant mon Dieu ! » Se rappelant qu'un des religieux de la maison où il était, n'avait été malade que quatre à cinq jours, « et moi, dit-il dans un de ces mouvements qu'excite l'amour divin, et moi je ne finis point ! » La plus affligeante nouvelle qu'on pût lui annoncer, c'était de lui dire, comme il arriva au commencement de sa maladie, qu'elle n'était pas mortelle ; alors il disait ces paroles si édifiantes : « Il est temps de mourir, et de mettre fin au péché : il vaut mieux mourir que de vivre plus longtemps, quand je ne devrais commettre qu'un seul péché véniel. »

Il demanda l'extrême-onction avec beaucoup d'instance ; on la lui administra le 5 octobre 1660 ; il la reçut avec toute la piété qu'on pouvait attendre d'un homme comme lui ; il manifesta des sentiments de douleur d'avoir offensé le meilleur de tous les pères, de confusion de l'avoir si lâchement servi, d'abandon à sa volonté, et surtout il exprima un grand désir de s'unir à lui à jamais.

Il vécut encore deux jours et trois nuits ; et son agonie fut terrible ; malgré son invincible patience, il s'écriait quelquefois : « Quelle agonie, mon Dieu ! mon Dieu ! un peu de relâche. »

ou bien, comme saint Paul : « Ah! je suis crucifié, je suis attaché à la croix avec Jésus-Christ. » Il éprouva quelque chose de ce tourment dont parle Job, ce passage continuel d'une chaleur ardente à un froid excessif : tantôt il fallait lui appliquer des corps chauds, le couvrir outre mesure ; et un instant après, il fallait tout enlever, car il pouvait à peine souffrir un drap de lit : on était alors obligé d'ouvrir toutes les fenêtres de sa chambre, et l'air extérieur, assez froid à cette époque, ne pouvait le soulager.

Au milieu d'aussi cruelles souffrances, on voyait s'augmenter son amour pour Dieu et sa conformité à sa divine volonté ; son esprit n'était occupé que de son Dieu ; de temps en temps, il laissait échapper de si tendres élans d'amour, que les assistants en étaient ravis. Il paraissait souffrir, lorsqu'on interrompait son commerce avec Dieu ; il ne recevait de visites que celles de quelques personnes pieuses ; encore fallait-il qu'on ne demeurât pas longtemps, et qu'on récitât quelques prières pour lui, avant de se retirer.

Il avait eu une très-grande dévotion à l'eau

bénite; il en avait éprouvé plusieurs fois la vertu; aussi demanda-t-il que l'on en aspergeât souvent son lit, durant son agonie; il ne voulait négliger aucune des armes que l'Eglise présente au chrétien pour l'aider à résister aux assauts de l'ennemi.

Il vit enfin la mort s'approcher; il étendit les bras en forme de croix, et levant les yeux vers le ciel, il expira, entre sept et huit heures du matin, le 8 octobre 1660, jour où l'Eglise célèbre la fête de sainte Brigitte, envers laquelle il avait eu tant de dévotion; il fut enterré dans l'église des Carmes de Sainte-Anne, au bas des marches du grand autel. Il avait demandé d'être inhumé dans ce couvent.

On peut dire de lui ce qu'a dit Possidius de saint Augustin, que ce vrai pauvre de Jésus-Christ ne fit point de testament, parce qu'il ne lui restait plus rien.[1] Il avait dit plusieurs fois, qu'il ne mourrait pas content, s'il lui restait seulement cinq sous, au jour de sa mort: il tint parole.

(1) Testamentum nullum fecit Augustinus, quia unde faceret, Christi pauper non habuit. (Possidius.)

Les quelques meubles qu'il avait dû se réserver pour son usage jusqu'à la fin, furent laissés à ses domestiques ou servirent à payer ses créanciers.

CHAPITRE II.

Grande idée que l'on a de la sainteté de M. de Quériolet. — La beauté de son corps après sa mort. — Une femme s'étant fait transporter à son tombeau, recouvre l'usage de ses jambes. — Une fille est délivrée d'une douleur qu'elle ressentait dans les jambes. — Une jeune personne recouvre le sommeil qu'elle avait perdu depuis plusieurs mois. — Un angevin, en danger de mort, recouvre la santé, et fait un pèlerinage à son tombeau. — Il faut espérer que Dieu manifestera un jour la sainteté de son serviteur, par des miracles qui le feront élever sur les autels.

On ne saurait dire quelle haute idée le peuple avait de la sainteté de M. de Quériolet ; sa conduite si extraordinaire lui avait attiré bien des mépris, des insultes même, pendant sa vie ; à sa mort, tous l'apprécièrent comme il le méritait, et tous voulurent avoir quelque chose qui lui avait appartenu, ou faire toucher leurs chapelets à ses dépouilles. Tous ceux qui assistèrent à ses obsèques, furent frappés de la beauté de son visage ; il avait été malade de dix-huit à vingt jours, et pendant ce temps, il n'avait pu prendre presque aucune nourriture ; cependant son visage, loin de paraître défiguré, semblait avoir une grâce qu'il n'avait pas eue durant sa vie ; trente heures après sa mort, il avait tous les membres aussi souples, que s'il eût joui de la plus parfaite santé.

Dieu fit éclater par des prodiges la sainteté de son serviteur. Une femme de qualité qui, depuis cinq à six ans, ne pouvait presque faire un seul pas, s'étant fait porter à son tombeau, selon le vœu qu'elle en avait fait, se trouva si changée à son retour, qu'elle fut en état de marcher seule et sans appui. Cette pieuse femme avait la confiance que Dieu, pour lui rendre l'usage de ses jambes, écouterait favorablement celui qui avait fait tant de pas pour sa gloire. On se rappelle, en effet, combien M. de Quériolet fit de voyages pieux.

Il arriva quelque chose de semblable à une fille qui, sur le bruit des miracles qui s'opéraient au tombeau du saint prêtre, avait fait plus de vingt lieues pour le visiter ; elle ne pouvait auparavant marcher sans douleur, et elle en fut tout à fait délivrée.

Une jeune personne du diocèse du Mans, qui n'avait pas fermé les yeux depuis plusieurs mois, recouvra le sommeil aussitôt qu'elle se fût recommandée à ses prières.

Un angevin était en danger de mort, et les médecins n'avaient pu vaincre le mal ; une dame, qui connaissait l'estime que ce seigneur avait toujours eue pour M. de Quériolet, fit, au nom du malade, le vœu d'un pèlerinage au tombeau de ce saint prêtre, si Dieu lui rendait la santé ; le malade l'obtint en effet, et accomplit le vœu fait en son nom.

Dieu n'attendit pas la mort de son serviteur pour manifester sa sainteté par des miracles ; les prédictions qu'a faites M. de Quériolet, la connaissance qu'il eut des pensées les plus secrètes, les guérisons qu'il a faites, entre autres, celle de ce prêtre, dont nous avons parlé, dans le cours de sa Vie, témoignèrent assez combien ce grand serviteur de Dieu lui était agréable. Citons un dernier fait qui eut lieu de son vivant.

Une pauvre femme était atteinte de différentes maladies que les hommes de l'art n'avaient pu guérir, malgré des soins donnés pendant deux à trois ans; le mal faisait, chaque jour, de nouveaux progrès; cette femme souhaitait ardemment d'exposer son état à M. de Quériolet, pour obtenir le secours de ses prières; car, disait-elle dans la suite, j'y avais tant de confiance, que pour peu qu'il voulût s'intéresser en ma faveur, auprès du médecin tout-puissant des âmes et des corps, je ne doutais nullement de ma guérison; depuis longtemps elle était à sa recherche, sans pouvoir le trouver, lorsque M. de Quériolet la rencontra à un hôtel-Dieu, couchée sur un pauvre grabat; elle le pria de vouloir bien se souvenir d'elle devant Dieu; il le fit sans délai, et en moins de vingt-quatre heures, elle fut entièrement guérie. « Je suis, écrit le P. Dominique, témoin oculaire d'une partie des maux qu'elle souffrait; et je sais de quelques médecins, qu'ils étaient humainement incurables. »

Il faut espérer, comme ce bon religieux, « que Dieu qui veut être glorifié en ses Saints, et particulièrement en ceux dont la vie a été un miroir de pénitence publique et de charité extraordinaire envers les pauvres, fera, dans la suite des temps, connaître par d'autres signes à son Eglise et aux fidèles, les mérites et la sainteté de ce grand et incomparable serviteur de Dieu. » Nous partageons volontiers les sentiments du P. Dominique, et nous faisons les mêmes vœux. En ces temps malheureux, où l'*iniquité abonde,* il serait bien consolant d'avoir pour protecteur et pour intercesseur dans le ciel, un homme qui, durant les jours de son pèlerinage ici-bas, pouvait dans la première partie de sa vie, le disputer en impiété à n'importe quel pécheur, et qui fut ensuite un véritable saint, un martyr de la pénitence. Après la lecture de cette vie, quel est le pécheur qui pourrait encore désespérer de son salut? Quel est celui à qui l'on ne pourrait dire : vous pouvez sauver votre âme, vous pouvez faire de grands progrès dans la vertu, vous pouvez même aspirer à devenir un saint. De Quériolet a marché dans votre voie, il fut plus mauvais que vous, imitez-le donc dans sa conversion. Ajoutons, en finissant cette Vie, que si Dieu voulait glorifier son serviteur ici-bas, en le mettant sur les autels, il glorifierait la sainte

Vierge, car c'est elle qui a gagné à la vertu ce cœur de bronze, ce cœur d'impie, qui cependant disait, chaque jour, l'*Ave Maria*.

Je finis, en soumettant avec l'historien de M. de Quériolet, tout ce que j'ai dit dans ces pages, au jugement de notre Mère la sainte Eglise catholique, apostolique et romaine.

Pour obéir aux décrets d'Urbain VIII, de sainte mémoire, je proteste qu'aux miracles, révélations, grâces, et autres faits rapportés dans l'ouvrage, ainsi qu'aux titres de saint ou de bienheureux, donnés à des serviteurs de Dieu non encore canonisés, je n'entends attribuer qu'une autorité purement humaine, sauf ce qui a été confirmé, par la sainte Eglise catholique romaine et par le Saint-Siége apostolique, dont je me déclare le fils obéissant.

FIN.

TABLE.

LIVRE I.

NAISSANCE DE M. DE QUÉRIOLET. — SA VIE DÉPRAVÉE ET IMPIE. SA CONVERSION. — SON ÉLÉVATION AU SACERDOCE.

CHAPITRE I.

CHAPITRE II.

CHAPITRE III.

CHAPITRE IV.

CHAPITRE V.

CHAPITRE VI.

CHAPITRE VII.

CHAPITRE III.

CHAPITRE IV.

CHAPITRE V.

CHAPITRE VI.

CHAPITRE VII.

LIVRE III.

VERTUS DE LA VIE INTÉRIEURE QUE PRATIQUA M. DE QUÉRIOLET.

CHAPITRE I.

CHAPITRE II.

CHAPITRE III.

CHAPITRE IV.

CHAPITRE V.

LIVRE IV.

SUITE DES VERTUS QUE PRATIQUA M. DE QUÉRIOLET.

CHAPITRE I.

CHAPITRE II.

CHAPITRE III.

CHAPITRE IV.

CHAPITRE V.

CHAPITRE VI.

CHAPITRE VII.

CHAPITRE VIII.

CHAPITRE IX.

CHAPITRE X.

CHAPITRE XI.

CHAPITRE XII.

LIVRE V.

DERNIÈRE MALADIE DE M. DE QUÉRIOLET. — SA MORT. PRODIGES QUI SUIVENT SON TRÉPAS.

CHAPITRE I.

CHAPITRE II.

Tournai, typographie Casterman.

CHEZ LE MÊME ÉDITEUR :

Vie de Notre-Seigneur Jésus-Christ; par Catherine Emmerich. 6 vol.

Histoire de Notre-Seigneur Jésus-Christ; par le Père De Corroy.

Vie de Notre-Seigneur Jésus-Christ et de la Sainte Vierge, par Ribadeneira.

— Notre-Seigneur Jésus-Christ méditée; par le P. Alvarez, S. J.

— la Sainte Vierge; par le docteur Hirscher.

— la sainte Vierge; par Cath. Emmerich.

— la Sainte Vierge méditée; par le P. Alvarez, S. J.

— Saint Joseph; par le Chanoine Prau.

Une vie de Saint par semaine, suivant l'ordre des siècles.

Le Saint de chaque jour selon la liturgie romaine; par l'abbé Chapia.

Saints et grands hommes du catholicisme; par le Père Smet, S. J.

Histoire de Saint Albert de Louvain; par le Chanoine David.

— Saint Antoine de Padoue; par le P. Dirks.

— Saint Augustin; par Vincent.

— Saint Roch: par l'abbé Recluz.

Saint Anselme de Cantorbéry; par le Chanoine Crozet-Mouchet.

— Avite, évêque de Vienne; par l'abbé Parizel.

— Eleuthère, évêque de Tournai; par Un Tournaisien.

— Louis de Gonzague, recueil authentique et complet de ses écrits; par le P. Pruvost.

— Paulin de Nole et son siècle; par le docteur Busé.

Vie du Vénér. Anchieta; par Sainte Foi.

— du Vénérable Louis Du Pont; par le R. P. F. Cachupin.

— Bienheureux Jean Berchmans, par le P. Frizon, S. J.

— Saint Dominique; par le P. Chirat.

— Saint Druon.

— Saint Etienne de Citeaux; par Dalgairns.

— Bienheureux Père Claver; par le P. Fleuriau.

— Saint François de Paul.

— Saint François Régis; par le P. Daubenton.

— Saint François de Sales; par Marsollier.

— Saint François Xavier; par le P. Bouhours.

— du Bienheureux Jean de Britto; par le P. Boero, S. J.

— Bienheureux Idesbalde.

— Bienheureux Jean Bobola.

— Bienheureux Canisius; par le P. Seguin.

— Vénérable Spinola; par le P. Séguin.

— de Saint Jean de Dieu.

— de Saint Jean de la Croix.

Vie du Vénérable Frère Gérard Majella; par le P. Tannoja.

— Saint Léonard de Port-Maurice; par le P. Salvator.

— Saint Liévin; par le Chanoine de Smet.

— Saint Louis de Gonzague; par le P. Cépari, S. J.

— Bienheureux Paul de la Croix.

— Saint Philippe de Néri.

— Saint Rombaut.

— Saint Stanislas Kostka; par le P. Bartoli, S. J.

— Bienheureux Thomas Hélye.

— Jules Marchand; par l'abbé Gourdel.

— Gustave Martini; par le P. Pruvost.

— Saint Vincent de Paul; par Collet.

— P. Jean d'Almeida; par Sainte-Foi.

— P. Ribadeneira; par le P. Prat.

— P. Ricci; par Sainte-Foi.

— Sainte Berthe; par le Ch. Parenty.

— Sainte Bertille; par le Ch. Parenty.

— Sainte Godelive: par De Baecker.

— Sainte Gudule; par Balleydier.

— Sainte Aldegonde; d'après le P. Binet. S. J. etc.

— Sainte Angèle de Foligno; par le P. Armand.

— Sainte Angèle de Merici; par le Chanoine Parenty.

— Bienheur. Baptiste Varani, Clairisse.

— Sainte Catherine de Bologne; par le P. Grassetti, S. J.

— Sainte Catherine de Gênes.

— Sainte Claire; par le P. Prudent de Faucogney.

— Bienheureuse Marie des Anges; par le chanoine Labis.

— Bienheureuse Colombe de Riéti; par le P. de Perouse.

— Sainte Françoise Romaine.

— Sainte Jeanne de Chantal; par Marsollier.

— Sainte Julienne; par De Noue.

— Sainte Julienne et Bienheureuse Eve; par le P. Bertholet.

— Bienheureuse Lidwine; par le P. Bruchman.

— Sainte Marie-Magdeleine de Pazzi; par le P. Cépari.

— Sainte Rose de Lima: par le P. Hansen.

— Sainte Véronique Giugliani; par le P. Salvator.

— Vénérable Jeanne de Jésus.

— Mademoiselle d'Epernon, carmélite; par Madame Bourdon.

— Mme Louise de France; par Proyart.

— Marie Leczinska; par Proyart.

— Madame de Montmorency.

— Marie Ock.

— Mère Julie, fondatrice des Sœurs de Notre-Dame.

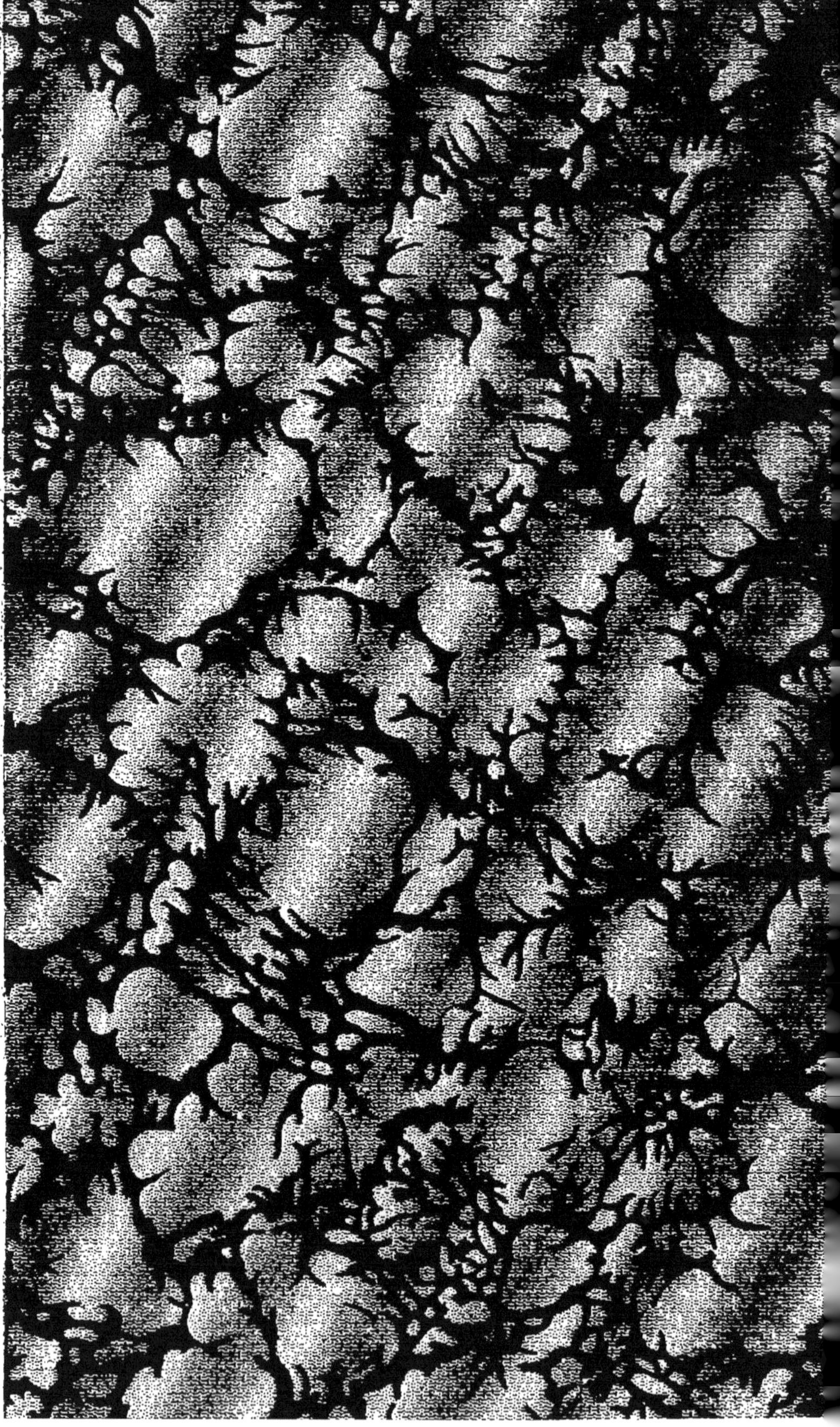

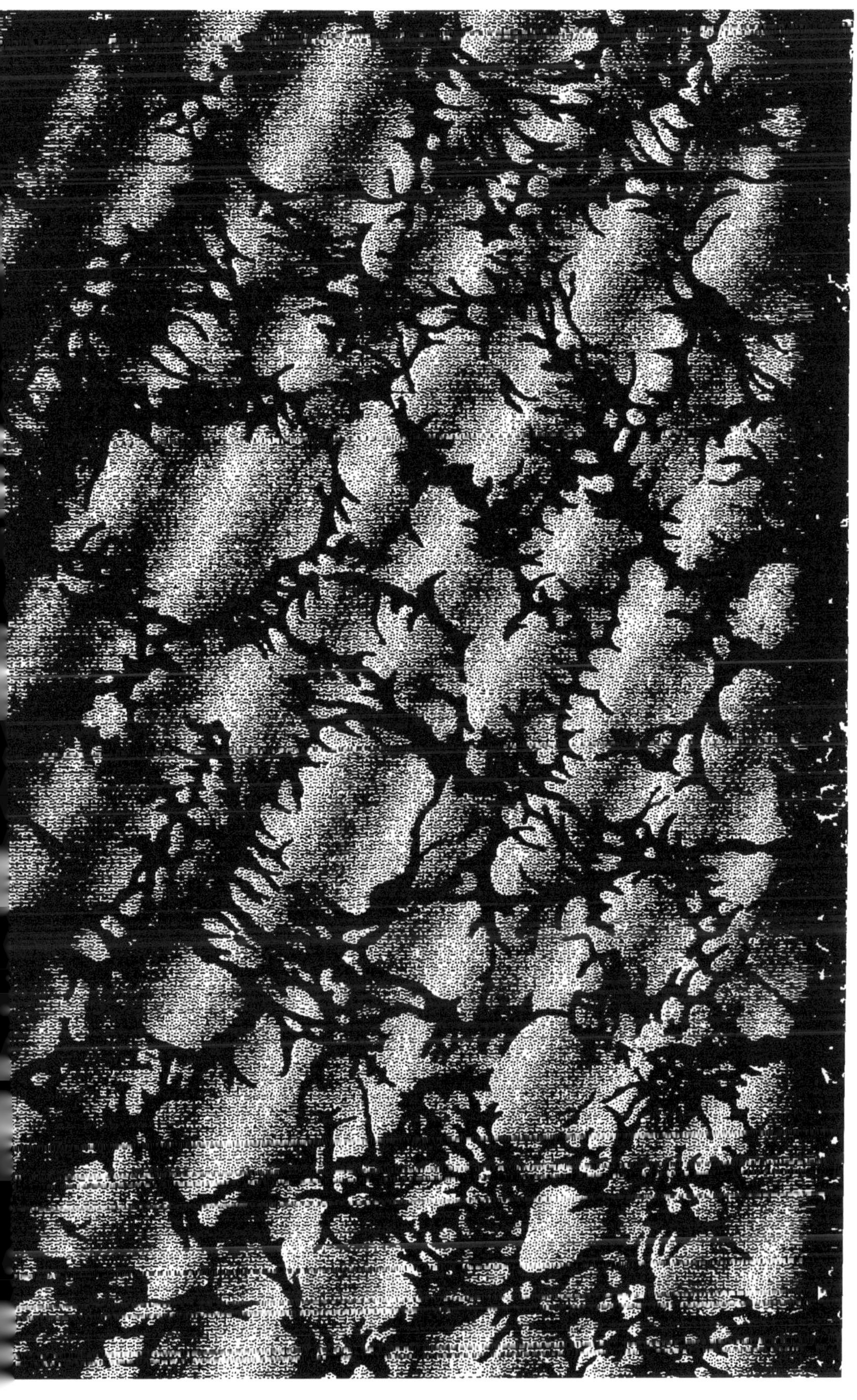

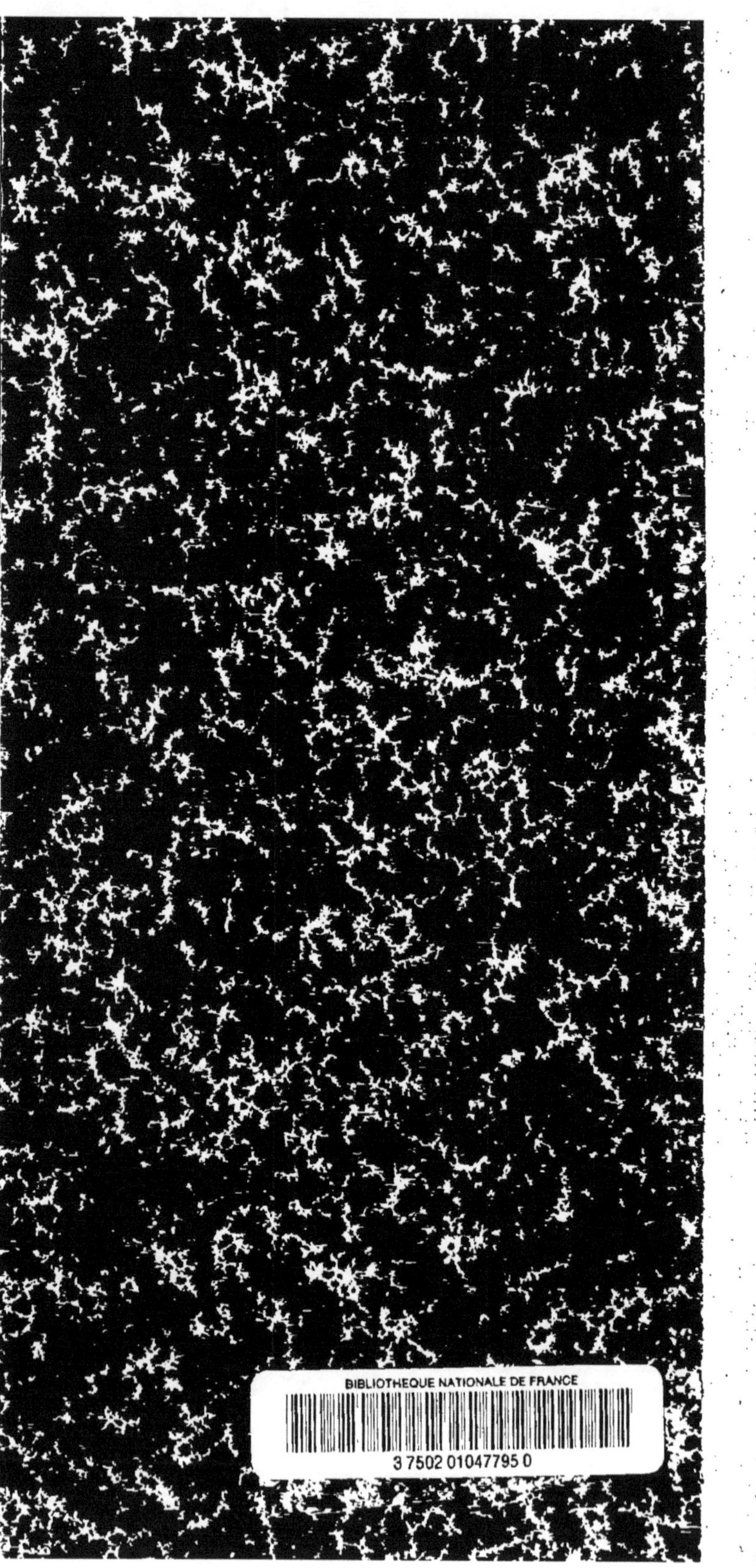

www.ingramcontent.com/pod-product-compliance
Ingram Content Group UK Ltd.
Pitfield, Milton Keynes, MK11 3LW, UK
UKHW012018240726
13965UKWH00002B/447